INLINE GUIDE

FRANKFURT UND UMGEBUNG

15 ausgesuchte Routen für Fitness- + Recreation-Skater

WWW.INLINEGUIDE.DE

Herausgeber: Pecher & Böckmann GmbH, Essen
Texte: Tani Capitain, Tobias Lobstädt
Gestaltung: Volker Pecher, Herbert Menzel
Produktion: Herbert Menzel
Routengrafik: Tani Capitain, Page Line
Fotos: ROCES, Montebelluna
Melanie Schwarzer & Jan Wäller, Dortmund

WWW.INLINEGUIDE.DE

INHALT

HALLO SCHWARZFAHRER!

Der Rollschuh als Urvater des Inline-Skates war in seiner Blütezeit nicht nur ein sehr vielversprechender Weg zur ersten Bänderdehnung schon weit vor der Pubertät, sondern flog spätestens nach dem vierzehnten Geburtstag in die Ecke.

Doch das robuste Kinder-Spielzeug früherer Tage hat sich zu einem Sportgerät mit hoher Performance entwickelt – und ist doch bis heute ein Spielzeug geblieben, zumindest vor dem Gesetz. Vielleicht deshalb, weil sehr hohe Geschwindigkeiten recht spielerisch erreicht werden, vielleicht aber auch, weil Fitness-Skater/Innen im Durchschnitt zwischen 20 und 40 Jahre alt sind – Gründe genug jedenfalls, High-Tech-Skates verkehrsrechtlich auf die gleiche Stufe mit Bobby-Cars zu stellen und ihnen beispielsweise die Nutzung von Radwegen zu untersagen. Darüber lässt sich trefflich streiten, doch ist das an dieser Stelle zum Glück nicht unsere Aufgabe.

Man geht davon aus, daß inzwischen rund zehn bis zwölf Millionen verspielte Deutsche auf acht oder zehn Rollen unterwegs sind. Nach dem Gesetz gelten für sie die gleichen Regeln wie für Fußgänger, sie dürfen also nur auf ausgewiesenen Fußwegen, also über Bürgersteige und in Fußgängerzonen fahren. Außerhalb geschlossener Ortschaften müssen Skater sich folgerichtig am linken Fahrbahnrand orientieren und dort seinen Weg suchen – wir wünschen viel Glück dabei.

Mit dieser Regelung werden wir nun wohl leben müssen, auch wenn's schwer fällt. Ein eigenes Wegenetz für Inline-Skater ist weder finanzierbar noch gewünscht, niemand wird ernsthaft die Landschaft mit noch mehr Asphalt zuplätten wollen. Also gilt es, sich mit den Gegebenheiten zu arrangieren. Wer sich rücksichtsvoll verhält und einfach akzeptiert, dass man sich die vorhandenen Wege teilen muss, wird damit auch keine wirklichen Probleme haben.

Wir haben in diesem Inline Guide bei einigen wenigen Routen auch kurze Teilstücke auf Radwegen eingebaut, denn oftmals bieten sie die einzige Möglichkeit, reizvolle Streckenabschnitte sinnvoll miteinander zu verbinden. Wer diese Routen skatet, wird zum Schwarzfahrer – nur damit das klar ist.

Wir wünschen dennoch hunderte sturzfreie Kilometer und möglichst viele nette Begegnungen unterwegs.

Und niemals vergessen: Early and late is the best time to skate!

DIE QUAL DER WAHL

WIE FINDE ICH „MEINEN" INLINE SKATE?

1. Probiere möglichst viele Skates an. Kommen mehrere Modelle in die engere Wahl, vertraue Deinem Gefühl. Lass die Skates möglichst lange an den Füßen. Entscheide Dich für diejenigen, in denen Du Dich am wohlsten fühlst. Achte nicht nur auf die Farbe oder modische Aspekte.

2. Mach Dich erst nachmittags auf die Suche nach „Deinem" Paar Skates, denn dann haben sich Deine Füße voll ausgedehnt. Skates, die Du am Vormittag kaufst, können am Abend schon zu eng sein.

3. Probiere die Skates nicht mit zu dicken Strümpfen an, denn es kann passieren, dass Dein Fuß dann nicht genügend Halt findet. Für den späteren Einsatz sind Inline-Socken zu empfehlen, die an den entscheidenden Stellen gepolstert sind.

4. Die Ferse darf im Skate nicht hochkommen. Der Innenschuh sollte etwa 1 cm Freiraum an den Zehen bieten. Bei Softboots mit dem Fuß nach vorn rutschen, wenn zwischen Ferse und Schaft dann noch ein fingerbreit Platz ist, sitzt er optimal.

5. Prüfe Kunststoffschienen auf ihre Steifheit: Nimm den Skate mit den Rollen nach oben in die Hand, umgreife die erste und die letzte Rolle und versuche dann, die beiden inneren Rollen mit den Daumen nach unten zu drücken. Läßt sich die Schiene leicht eindrücken, hast Du den falschen Skate in der Hand. Aluschienen sind leicht und äußerst stabil, aber auch sehr kostspielig.

6. Beurteile den Leichtlauf der Rollen nicht danach, wie sie sich mit der Hand drehen lassen. Markenskates sind mit wartungsarmem Fett geschmiert, das seine richtige Schmierfähigkeit erst nach einigen Kilometern Fahrt erreicht. Schlecht drehende Rollen sind keineswegs ein Zeichen für schlechte Qualität.

7. Wichtig ist die Fußgelenkstabilität. Wenn sich die Schale im Knöchelbereich eindrücken läßt, stell die Skates zurück ins Regal. Labilität im Knöchelbereich - die manchmal als „sehr bequem" verkauft wird - kann übelste Verletzungen an den Bändern nach sich ziehen.

8. Entscheide Dich nicht zu schnell für oder gegen Schnallen oder Schnürung. Ein allgemeingültiges Optimum gibt es nicht, wenn dies auch immer wieder behauptet wird - schließlich ist jeder Fuß anders. Bei Schnallenbindung solltest Du darauf achten, dass mindestens drei Schnallen geboten werden.

THE RIGHT STUFF

DIE RICHTIGE AUSRÜSTUNG ZUM FITNESS-SKATEN

HELM

Nur mit Helm ist die Schutzausrüstung komplett. Wer das anzweifelt, sollte sich eine pralle Wassermelone vorstellen, die aus ungefähr zwei Metern Höhe auf den Asphalt geklatscht ist... Viel Spaß beim Grübeln.

SCHONER

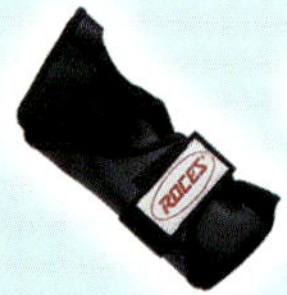

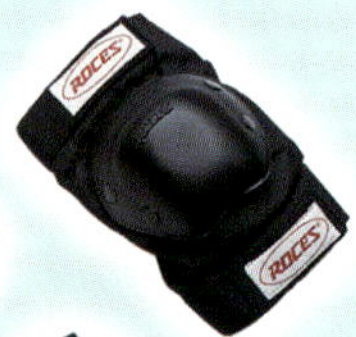

Nicht einmal ein Fünftel aller Skater/Innen tragen das komplette Schonerset an Knien, Ellbogen und Handgelenken. 75% davon wiederum bezahlen diese Coolness mit üblen Verletzungen. Sollte das etwa Dummheit sein?

ALLES DREHT SICH
WIE KOMME ICH AUF DIE RICHTIGE ROLLE?

ROLLENRADIEN	
	**SPEED** ø 76-82 mm Härte: 75-93 A
	**FITNESS UND RECREATION** ø 76-80 mm Härte: 78-90 A

Geradezu unüberschaubar ist, was an Rollen in allen Farben und Größen auf dem Markt zu haben ist. Vor allem anderen muß sich jeder sich eine Frage beantworten: Wofür brauche ich die Rolle? Hat man hierzu einmal die Antwort gefunden, ist der Rest ganz einfach. Der Querschnitt einer Rolle legt fest, für welchen Einsatz-zweck sie geeignet ist. Auch die Größen und Härten variieren in den einzelnen Disziplinen sehr stark.
Die Rollen sind meist aus Polyurethan (PU), denn bei Abrollverhalten, Haftung und Dämpfungseigenschaften ist dieses Kunststoffmaterial unerreicht.
Alle Fitness- und Speed-Rollen haben eine Felge, die das Gewicht reduziert, für die wichtige Kühlung sorgt und die Lager trägt. Sehr weiche Rollen sind sehr komfortabel, haben aber einen vergleichsweise hohen Abrieb. Harte Rollen sind schnell und halten länger, bieten aber nicht unbedingt die beste Laufruhe. Markenskates sind in der Regel mit guten Rollen ausgerüstet. Wer damit gute Erfahrungen ge-macht hat, sollte auch beim ersten Rol-lenwechsel dabei bleiben.
Bei einer Rolle wird immer der Außendurchmesser in Millimetern angegeben (40 bis 88 mm) sowie die Härte in Duro-metern („A"), in der Regel von 74 A (sehr weich) bis 100 A (sehr hart). Diese Anga-ben finden sich auf der Rolle selbst.
Um die Lebensdauer zu erhöhen, sollten sie in regelmäßigen Abständen untereinander ausgetauscht werden (Innenseiten nach außen und umgekehrt, erste und letzte Rolle gegen die beiden inneren tauschen).

Fly and Glide!

Wer möchte nicht gern einmal in einer Traumlandschaft skaten?

Mit dem **TUI** *Free*World INLINE GUIDE für **Mallorca und Ibiza** ist dies nun kein Problem mehr. Er zeigt die **20 schönsten** Inline-Routen auf den beliebten Sonneninseln in bewährter Art und Weise, von der **Promenaden-Bummeltour** bis zur anspruchsvollen Fitness-Route für **fortgeschrittene Tempo-Skater.**

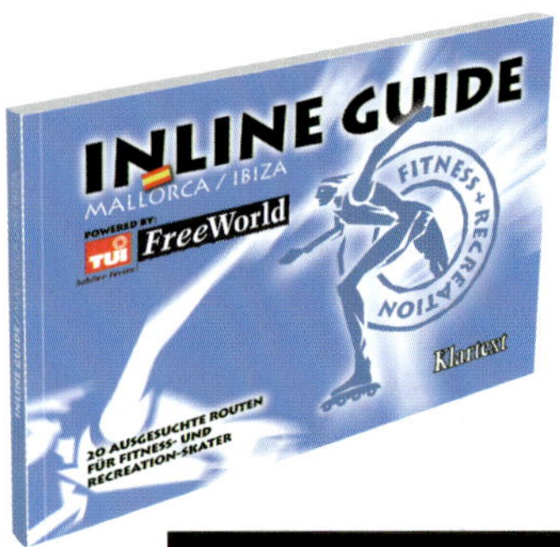

Für alle, die auch im Urlaub nicht auf den vollen **Skate-Genuß** verzichten wollen.

Der TUI FreeWorld INLINE GUIDE Mallorca/Ibiza ist für [illegible],95 EURO im Buchhandel per Direktbestellung (02 01/86 20 631) oder unter unter www.inlineguide.de erhältlich

Foto: ROCES INLINE-SKATES

NIE OHNE GUMMI

BREMSEN MÜSSTE MAN KÖNNEN

Mangelhafte Bremstechnik ist die Hauptursache für die meisten Stürze. Anfänger verlieren dabei schneller das Gleichgewicht, als sie es in ihren schlimmsten Träumen vorausgeahnt haben, auch Fortgeschrittene sehen dabei manchmal alles andere als gut aus.
Die serienmäßigen Bremsvorrichtungen an Inline-Skates muten im Vergleich zu den sonstigen technischen Details eher vorsintflutlich an. Ein dicker Gummiklotz, groß wie eine Babyfaust, ist hinten an den Skate geschraubt und bietet so die Möglichkeit, ihn durch die angehobene Fußspitze als Schleifbremse zu nutzen. Also im richtigen Moment das Füßchen hoch und schleifen lassen - wenn´s doch nur so einfach wäre! Doch die Bremsleistung, die mit dem moppeligen Gummi erreicht werden kann, ist nicht gerade berauschend und dient vor allem den Einsteigern als Sicherheit.
Der Gummipömpel ist die gebräuchlichste Variante, vereinzelt tauchen andere Bremssysteme auf, die mehr oder weniger gut ihren Dienst verrichten. Wenn der unförmige schwarze Klops an der Hacke auch eher an Seifenkistentechnik erinnert, so funktioniert der „Heel-Stop" – die richtige Einstellung vorausgesetzt – immer und überall, was man von anderen Bremstechniken nicht ohne weiteres behaupten kann.
Ob das Bremsgummi am rechten oder linken Skate angebracht sein sollte, kann jeder ganz leicht für sich selbst herausfinden. Der einfache Test: Stell Dich gerade hin, beide Füße nebeneinander. Dann laß Dir - von wem auch immer - einen leichten Stoß geben, so daß Du nach hinten kippst. Automatisch wirst Du versuchen, mit einem kleinen Ausfallschritt den Sturz zu verhindern. Der Fuß, mit dem Du Dich intuitiv abfängst, ist für alle Zukunft Dein optimaler Bremsfuß.
Bremsungen, die mittels der Fahrtechnik funktionieren, also T-Brake oder Powerslide, verlangen ein hohes Maß an fahrerischem Können, versprechen dafür aber bei richtiger Anwendung höchste Effektivität. Manchmal jedoch reicht ein kleiner Fehler, um aus der eleganten Technik-Bremse einen weniger eleganten Abgang Eine interessante Variante für den Notfall ist der kontrollierte Sturz (siehe Kapitel „Gesünder Stürzen"), der allerdings nur mit der kompletten Schutzausrüstung funktioniert. Wer wieder mal auf die Schoner verzichtet hat, wird sich mit dieser Sturztechnik problemlos beide Kniescheiben freilegen - mindestens...

THE RIGHT STUFF

DIE RICHTIGE AUSRÜSTUNG ZUM FITNESS-SKATEN

INLINE-SOCKEN

Wer sich regelmäßig in Inlinern auf die Socken macht, sollte seinen Füßen Gutes tun: Inline-Socken sind an den entscheidenden Stellen gepolstert und sorgen dauerhaft für ein gutes Skate-Gefühl.

TRINKSYSTEM

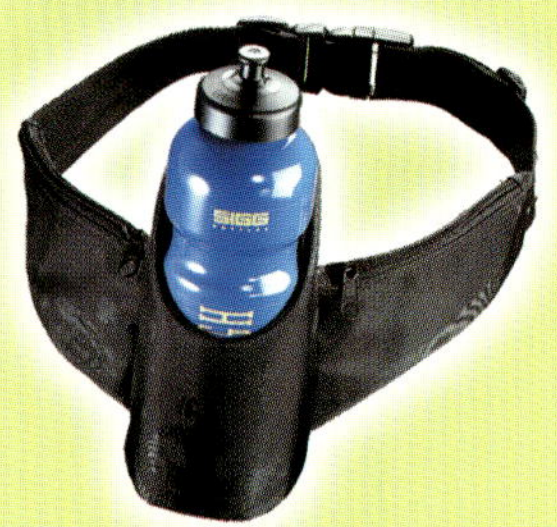

Wenn der Durst kommt, ist es meistens schon zu spät. Dies gilt für alle, die leistungsorientiert unterwegs sind. Für Ausdauersportler ist es wichtig, für ständige Flüssigkeitszufuhr zu sorgen. Damit man nicht für jeden Schluck anhalten muß, gibt es praktische Systeme.

WWW.INLINEGUIDE.DE

1898
Marathon-Hut „Hermes“
Fitness-Hut „Lausitz“
Windjoppe „Kriterium“ kombiniert mit Rennhemd „Rapid“
Gleitmantel „Niederelbe“ (schwitzdichte Zeppelinseide)
Windhose „Velocita“ (mit Schnellauf-Zwickel)
Wadenwicke „Kürassier“
Mono-Spurtstange
Laufstrumpf „Austerlitz“
Erd-Schlittschuh „Rollito“
Gleithose „Albatros“

Bekanntmachung!*

1. Trage immer die vollständige Schutzausrüstung (Helm, Handgelenk-, Ellenbogen-, Knieschoner, Brille und Klingel).

2. Lerne schnell, sicher und immer rechtzeitig zu bremsen.

3. Verliere nie die Aufmerksamkeit und sei anderen gegenüber immer achtsam und zuvorkommend.

4. Skate immer vorausschauend und riskiere niemals, die Kontrolle zu verlieren.

5. Wo auch immer Du unterwegs bist: Fahre stets auf der rechten Seite.

6. Überhole Fußgänger, Radfahrer und andere Skater immer auf der linken Seite. Mache rechtzeitig durch klingeln oder rufen auf Dich aufmerksam.

7. Meide Plätze, Flächen oder Strecken mit starkem Fußgänger- und Radverkehr.

8. Lasse im Zweifelsfall immer Fußgängern und Radfahrern den Vorrang.

9. Fahre nicht auf Radwegen oder öffentlichen Straßen.

10. Reduziere beim Fahren auf dem Bürgersteig immer die Geschwindigkeit und sei stets bremsbereit. Skate gerade dort besonders vorausschauend, denn Fußgänger haben auf jeden Fall immer Vorrang!

11. Meide nasse, ölige, sandige und staubige Wege sowie Unebenheiten und Schotter.

12. Die wichtigste Regel von allen: Verliere niemals die Lust, anderen ein Vorbild zu sein.

* Die wichtigsten Regeln des Deutschen Inline-Skate-Verbandes (D.I.V.)

SKATE-KOSMETIK

WIE PFLEGE ICH MEINE BESTEN STÜCKE?

Man muß kein technisches Genie sein, um die wesentlichen Pflegearbeiten selber zu erledigen. Hier nur die wichtigsten:

1. Rollentausch
Der regelmäßige Rollentausch verlängert die Lebensdauer. Da sich die Rollen einseitig abfahren, sollte die erste gegen die dritte und die zweite gegen die vierte Rolle getauscht werden, wobei sie jeweils um 180 Grad gedreht werden.

2. Lager fetten
Der Aufwand hängt von der Lagerart ab. Bei geschlossenen, wartungsfähigen Lagern muß einer der beiden Deckel, die mit einem Sprengring versehen sind, mit einem kleinen, spitzen Schraubenzieher oder einem Messer geöffnet werden. Dann kann man das Lager und die Kugeln putzen und entfetten (Zitrusreiniger / Waschbenzin), klar abspülen und trocknen. Dann muß man sie mit einem Tropfen Öl oder Lagerfett neu schmieren, wieder zusammensetzen und einbauen. Öl wirkt schneller, muß aber schneller nachgeschmiert werden, Fett ist zäher und braucht ein wenig Zeit zur optimalen Wirkung, ist dafür aber wesentlich wartungsärmer.
Zwischendurch sollten die Lager auch immer wieder mit einem weichen, trockenen Tuch von außen abgerieben werden.

3. Bremsklötze auswechseln
Bei jedem Pflegeintervall sollte immer auch ein Auge auf die Bremsklötze geworfen werden. Sind sie stark abgenutzt, muß man sie neu einstellen oder gegen neue austauschen. Dies geht in der Regel mit Hilfe des mitgelieferten Inbusschlüssels sehr leicht.

4. Geschraubte Schienen checken
Schienen, die an den Schuh angeschraubt sind, sollten in regelmäßigen Abständen (alle 50-60 km) an ihren Verschraubungen überprüft werden. Die dort wirkenden Kräfte sind so enorm, dass sich die Schrauben lockern können. Die ständige Kontrolle verhindert böse Überraschungen.

5. Allgemeine Pflege
Die Skates nach jedem Einsatz gründlich mit einem feuchten Tuch abwischen. Das läßt sie dauerhaft gut aussehen und sorgt dafür, daß auch kleine Macken nicht verborgen bleiben. Außerdem beschäftigt man sich mit dem Skate und wird auf an-stehende Wartungsarbeiten aufmerksam.
Auch wenn viele Skates gut belüftet sind, schwitzen die Füße in den Kunststoffschalen sehr. Deshalb die Innenschuhe zum Lüften aus der Schale ziehen und, falls möglich, waschen. Softboots ohne herausnehmbare Innenschuhe an gut belüftete Plätze zum Ausdünsten stellen.

THE RIGHT STUFF

DIE RICHTIGE AUSRÜSTUNG
ZUM FITNESS-SKATEN

SONNENBRILLE

Endlich mal ein Teil der Schutzausrüstung, das auch noch für ein cooles Outfit sorgt.
Beim Kauf auf Wechselgläser und hohe Funktionalität achten.

KLINGEL

Wer oft auf belebten Strecken skatet, sollte nicht ohne „Signalgerät“ unterwegs sein. Empfehlenswert ist der Skate-Guard, denn der vertraute Klang der Fahrradklingel sorgt für ein ebenso vertrautes Verhaltensmuster: rechts ran, da kommt einer!

TRAGENDE ROLLE

WELCHE SCHIENE IST DIE RICHTIGE?

GEHSCHIENE

Immer wieder trifft man auf Passagen, die unskatable sind. Der lästige Schuhwechsel entfällt, wenn Gehschienen griffbereit sind. Einfach auf den Boden legen, reinsteigen, und schon ist Schluß mit der Rollerei. Vorsichtig gehen, damit man auf den recht hohen Absätzen nicht umknickt.

HERZFREQUENZ-MESSGERÄT

Wer den Fitness-Gedanken hochhält, seine Fortschritte genau beobachten und die nächsten Trainingseinheiten gut planen möchte, wird ein Herzfrequenz-Meßgerät zu schätzen wissen.

Je stabiler die Schiene, desto höher die Laufruhe. Auf diese einfache Formel läßt sich die ganze Kaufberatung reduzieren. Das Angebot an Material und Verarbeitung ist mittlerweile sehr groß. Angefangen von den Skates der untersten Preiskategorie, bei denen nicht selten Schuh und Schiene in einem Stück gegossen sind, bis hin zu superleichten und dennoch supersteifen Carbon- oder Magnesium-Schienen ist auf dem Markt so ziemlich alles zu haben.
Generell ist zu empfehlen, auswechselbare Schienen zu bevorzugen. Bei den überwiegend eingesetzten Kunststoffschienen lohnt ein Blick ins Innere. Dort sollten sich möglichst viele Verstrebungen befinden, denn neben der Beschaffenheit des Materials gewährleistet vor allem das aufwendige Innenleben die so wichtige Verwindungssteifheit.
An Kunststoffschienen, die sich mit der Hand verbiegen oder am Rand tief eindrücken lassen, wird man nicht allzuviel Freude haben, denn die Fahrt mit solchen Weichlingen wird schnell zum Eiertanz.
Skatern mit einem Körpergewicht weit jenseits der 80 Kilogramm sind in jedem Fall Aluschienen zu empfehlen, die noch immer das beste Verhältnis von Gewicht und Festigkeit bieten (einmal abgesehen von den High-Tech-Frames aus Carbon oder Fiberglas, die mittlerweile ebenfalls erhältlich sind und sich vor allem bei Speed-Skatern steigender Beliebtheit erfreuen). Solche Qualität hat natürlich ihren Preis, doch schnellen die Preise dabei nicht so weit nach oben, dass der finanzielle Mehraufwand nicht doch gerechtfertigt wäre. Letztlich geht es neben der Sicherheit ja auch um den Fahrspaß, der dauerhaft erhalten bleiben soll.
Doch sind Aluschienen nicht generell das Maß aller Dinge. Auch hochwertige Kunststoff-Schienen können dauerhafte Stabilität gewährleisten, wenn der Skater sich im Bereich des normalen Körpergewichtes bewegt. Deshalb beim Kauf immer genau hinsehen! Zuviel Skepsis muß allerdings auch nicht sein, denn insbesondere bei Markenskates in der oberen Preiskategorie kann man getrost davon ausgehen, dass die angebrachten Schienen den hohen Belastungen problemlos standhalten.
Viele Schienen erlauben das sogenannte „Rockering“, die Möglichkeit der Höhenverstellung der Rollen in der Schiene. Es gibt drei Einstellungen: Flat Rockering (alle Rollen auf einer Höhe/Fitness und Speed), Negative Rockering (die beiden mittleren Rollen sind höher angebracht/Street) und Positive Rockering (die beiden äußeren Rollen sind höher angebracht/Hockey).

THE RIGHT STUFF

DIE RICHTIGE AUSRÜSTUNG
ZUM FITNESS-SKATEN

INLINE-RUCKSACK

Zum Transport der Skates gibt es mittlerweile zahlreiche Rucksacksysteme auf dem Markt. Empfehlenswert die durchdachten Modelle von DEUTER, die in zahlreichen Varianten und Outfits erhältlich sind.

MEHRZWECKSCHLÜSSEL

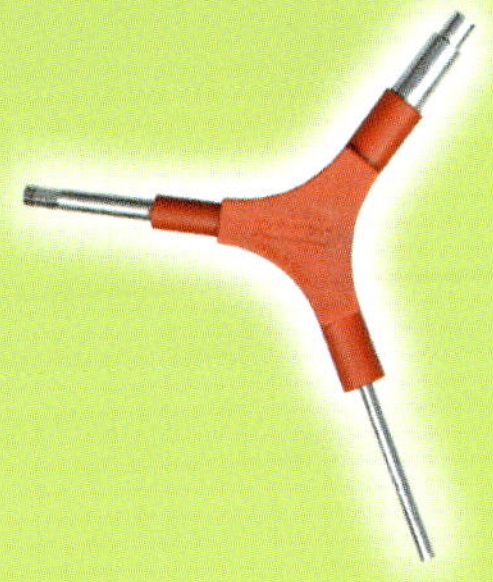

Die drei omnikompatiblen Enden dieses freundlichen kleinen Helfers machen das Multi-Tool zum praktischen Begleiter für jede Tour. Kleinere Reparaturen können damit problemlos ausgeführt werden

SO IST'S RECHT!

INLINE-SKATING UND VERKEHRSRECHT

Spritzig, schnell und smart – so beschreiben über zehn Millionen Deutsche ihr Hobby. Ob als Speedskater oder Freizeitgleiter – wer einmal mit Skates auf der Piste war, ist meist völlig von der Rolle.

Das Skaten ist nahezu unvergleichlich: Skater sind fitter als Autofahrer, flinker als Radler und flotter als Fußgänger. Und doch fordert das Verkehrsrecht einen Vergleich, denn es braucht eine klare Rollenzuweisung für Inline-Skater im Straßenverkehr.

Inline-Skates zählen nach dem Gesetz zu den „besonderen Fortbewegungsmitteln". Für Skater gelten damit die gleichen Verkehrsregeln wie für Fußgänger. Inline-Skates dürfen also auf Bürgersteigen und Gehwegen sowie in Fußgängerzonen und in verkehrsberuhigten Bereichen benutzt werden.

RECHTLICH GESEHEN!

- Inline-Skates sind keine Fahrzeuge, sondern besondere Fortbewegungsmittel (§ 24 Abs. 1 StVO)
- Für Inline-Skater gelten die gleichen Rechte und Pflichten wie für Fußgänger
- Inline-Skates dürfen auf dem Bürgersteig nicht als Sportgeräte genutzt werden
- Wenn nötig, darf nur mit Schrittgeschwindigkeit gefahren werden

SKATEN GESTATTET!

GEHWEGE	**VERKEHRSBERUHIGTE BEREICHE**	**FUSSGÄNGERBEREICHE**

Besondere Aufmerksamkeit müssen Inline-Skater immer den Fußgängern widmen.

Wenn es erforderlich ist, muss auf Schrittgeschwindigkeit (5-7 km/h) abgebremst werden. Jeder Skater weiss, dass die Durchschnittsgeschwindigkeit schon bei lockerem Dahinrollen mehr als das Doppelte beträgt.

Fahrbahnen und Seitenstreifen sind für Inline-Skater tabu, auch wenn diese manchmal einen verlockend glatten Untergrund haben.

Ausnahmen bilden lediglich Straßen außerhalb geschlossener Ortschaften, die keinen Gehsteig haben. Hier müssen Inline-Skater wie Fußgänger den linken Fahrbahnrand benutzen.

Ebenfalls nicht gestattet ist das Skaten auf Fahrradwegen. Auch wenn viele Skater dieses Verbot missachten, sollte man sich nicht davon anstecken lassen.

Zwar sind Radfahrer dem Tempo von Skatern viel näher als Fußgänger, doch sind Radwege oftmals zu schmal, um beiden Gruppen genügend Platz zu bieten.

DREI SCHULDFRAGEN!

Bei der haftungsrechtlichen Betrachtung sind drei Fragen entscheidend:

- Ereignete sich der Schadensfall auf Gehweg, Radweg oder Fahrbahn?
- Wie hoch war die Geschwindigkeit?
- Ist der Inline-Skater ein Kind, ein Jugendlicher oder ein Erwachsener?

Außerdem darf man nicht aus dem Auge verlieren, welche haftungsrechtlichen Probleme bei einem Unfall auftreten können. Denn natürlich wird im Falle eines Schadens zunächst geprüft, inwieweit sich die Unfallbeteiligten an die Verkehrsregeln gehalten haben.

Solche Regeln sind für jede Gruppe von Verkehrsteilnehmer in der StVO festgelegt und stellen meist Schutzgesetze zu Gunsten der anderen Verkehrsteilnehmern dar.

Für Inline-Skater gelten die Regeln für Fußgänger. Auskünfte über Gerichtsentscheidungen nach Skater-Unfällen können bei der eigenen Versicherung erfragt werden.

Die beste Versicherung für unfallfreie Fahrt und Spaß am Skaten ist jedoch noch immer und überall die nötige Fairness im Verkehr.

Weitere Info-Materialien bzw. Kurse zum Thema Inline-Skating sind auch bei folgenden Mitgliedern des Deutschen Verkehrssicherheitsrates e.V. erhältlich:

DEA Mediatek
Am Pannacker 2, 53340 Meckenheim
(Video)

Deutsche Verkehrswacht e.V.
Am Pannacker 2, 53340 Meckenheim
„Skate & Roll" Lehrerhandbuch / Schulung

D.I.V.
Deutscher Inline Skate-Verband e.V.
Bergstraße 20, 64342 Seeheim-Jugenheim

Hamburger Inline Schule
Mollerstr. 10, 20148 Hamburg

Landesverkehrswacht Schleswig-Holstein
Westring 260, 24116 Kiel
Broschüre „Dangerzone"

TÜV Nord Akademie
Segeberger Landstr. 26, 24145 Kiel
Sicherheitstraining

ADAC
Allgemeiner Deutscher Automobil-Club e.V.
Am Westpark 8, 81373 München
K2 Skate College
Hotline: 0190 / 55 75 555

ACE
Auto Club Europa e.V.
Schmidener Str. 233, 70374 Stuttgart
Broschüre „Safer Skating for Kids"

AOK-Bundesverband
Kortrijker Str. 1, 53177 Bonn
Broschüre „Easy Inline"

BUK
Bundesverband der Unfallkassen e.V.
Fockensteinstr. 1, 81539 München
Lehrerbrief „Inline-Skating in der Schule"

Berufsgenossenschaft für Gesundheitsdienst und Wohlfahrtspflege
Pappelallee 35-37, 22089 Hamburg
Inline-Skating „Arbeitsberichte zur Verkehrssicherheit", SSN 1434-1344

Eine ausführliche Broschüre zum Thema Inline-Skating und Verkehrsrecht ist direkt erhältlich beim Deutschen Verkehrssicherheitsrat e.V., Beueler Bahnhofsplatz 16, 53222 Bonn

DVR
Deutscher Verkehrssicherheitsrat e.V.

DER RICHTIGE DREH

INLINE SKATE-LAGER

ZERLEGTES LAGER: ABEC 5 „ZZ"

Beim Inline-Skaten dreht sich im wahrsten Sinne des Wortes alles um die Lager. Jede Rolle hat gleich zwei davon, macht also 16 Kugellager für ein Paar Inline-Skates. Allein die Lager entscheiden, ob es läuft wie geschmiert oder ob der Spaß auf der Strecke bleibt. Die Kugellager haben ein Standardmaß von 22 mm Außen- und 8 mm Innendurchmesser, bei einer Dicke von 7 mm. Sie werden in vier Qualitätsstufen angeboten: ABEC 1, 3, 5 und 7 (ABEC = Annular Bearing Engineers Commitee; amerikanische Qualitätsnorm für Kugellager). Die Werte beziffern die Verarbeitungsgenauigkeit der Bestandteile eines Lagers. Je höher der Wert, desto besser. Neben der ABEC-Einstufung finden sich bei der Lagerbezeichnung noch weitere Ziffern, z.B. „ZZ", „Z" und „RS". „ZZ" bedeutet, dass das Lager auf beiden Seiten mit Metallkappen vor grober Verschmutzung geschützt ist, „Z" zeigt den einseitigen Schutz an, wobei die ungeschützte Seite nach innen in die Rolle eingesetzt wird. „RS" signalisiert beidseitig mit Kunststoff-Dichtungen geschützte Lager, die auch Wasser und Staub fernhalten. Dabei gibt es noch Unterschiede bei den geschlossenen Lagern, denn manche sind wartungsfähig (mit Kunststoffkappe oder mit Sprengring versehen), andere wiederum sind nicht zu „knacken". Also beim Kauf danach fragen, ob die Lager wartungsfähig sind.

Das Material spielt bei Kugellagern eine große Rolle. Kugeln und Laufbahnen aus Qualitäts-Stahl sind das Beste, auch beim Lagerkäfig sollte man nicht auf Messing oder Nylon als billige Alternativen ausweichen. Denn hat sich einmal ein wenig Schmutz eingeschlichen, sind diese Lager recht schnell verschlissen.

Auch die Lagerpflege ist wichtig und kann die Lebensdauer deutlich verlängern. In der Regel sollte man sie ab und an von außen trocken abwischen. Wurden die Lager dem Regen ausgesetzt, sollte man sie zu Hause sofort ausbauen, trocknen, in Lösungsmittel einlegen und mit graphit- und teflonfreiem Lagerfett neu schmieren.

WWW.INLINEGUIDE.DE

LOCKER BLEIBEN

ODER: WIE BEREITE ICH MICH AUF DAS SKATEN VOR?

Der Inline-Boom hat auch seine Schattenseiten. Das können vor allem die Krankenkassen bestätigen. Die Zahl der Verletzungen ist so hoch, dass die Kosten für die Behandlung und Rehabilitation von verletzten Inline-SkaterInnen bereits in den dreistelligen Millionenbereich gehen! Pro Jahr, versteht sich.
Die AOK ist deshalb aktiv geworden und hat unter dem Titel „EASY INLINE" ein Magazin für Fitness-SkaterInnen produziert, welches in jeder Geschäftsstelle der AOK kostenlos erhältlich ist. Die folgenden vier Seiten enthalten einen Auszug aus dem Inline-Kurs mit Bundestrainer Roland Klöß, entnommen aus dem EASY INLINE-Magazin der AOK:

Ohne Warm-up nie auf die Skates! Der Körper muß zunächst mal selbst „auf Touren" kommen. Dazu sind die folgenden Übungen und Tipps sehr geeignet.

- Muskeln lockern und erwärmen
- für die Übungen bequeme Positionen einnehmen
- langsam an die Beweglichkeitsgrenze gehen
- immer 15-20 Sekunden belasten mit 2-3 Wiederholungen

1. Schultergürtelmuskulatur
Den Arm vor dem Körper so anwinkeln, dass sich der Ellbogen vor dem Gesicht befindet. Der andere Arm drückt nun sanft von außen gegen den Ellbogen.

2. Hals- und Nackenmuskulatur
Kopf im Stand zur Seite ablegen, rechte und linke Hand abwechselnd leicht auf den Kopf auflegen, und den Ellbogen des angehobenen Armes nach außen ziehen.

3. Hüftstrecker
In der Rückenlage wird ein Bein vom entgegengesetzten Arm in einer angewinkelten Position leicht zu Boden gedrückt. Beide Schultern haben Bodenkontakt.

4. Hintere Oberschenkelmuskulatur
Sitzend (Beine parallel gestreckt) wird der Oberkörper nach vorne geneigt. Wichtig: Den Rücken dabei stets gerade halten.

5. Vordere Oberschenkelmuskulatur
Im Stand ein Bein anwinkeln und mit dem Arm am Fußrücken so weit an den Körper heranziehen, bis die Ferse den Po berührt.

6. Fußstrecker
Während des Anlehnens an die Wand die Hüfte nach vorn drücken. Das hintere Bein ist die gerade Verlängerung zum Rücken.

3.

2.

4.

1.

5.

6.

HALTUNG BEWAHREN

ODER: WIE FINDE ICH DIE RICHTIGE KÖRPERHALTUNG?

1.

2.

ÜBUNG 1

ÜBUNG 2

1. In der optimalen Position bilden die Knie einen leichten Winkel, so, als säße man in der Hocke. Wenn der Oberkörper zudem leicht nach vorne gebeugt ist, verteilt sich das Gewicht gleichmäßig auf alle Rollen. Den richtigen Punkt findet man am einfachsten, indem man ganz leicht mehrmals von vorne nach hinten schaukelt. Schulter, Knie und Fußspitzen bilden von der Seite betrachtet immer eine senkrechte Linie zum Boden.

2. In dieser stabilen Position ist der Körper sehr gut kontrollierbar. Auch wenn es zunächst in den Beinen etwas anstrengend ist: erst in dieser skating-position kommt der richtige Spaß auf. Die Arme befinden sich dabei stets vor dem Körper und werden nicht auf den Oberschenkeln abgestützt. Diese Position ist die Basis für sicheres Skaten und die Ausgangsposition für alle folgenden Übungen in diesem Inline-Kurs.

Ganz wichtig für ein angenehmes und sicheres Skaten ist die richtige Balance auf den Skates, d.h. der Fuß darf weder nach innen noch nach außen umknicken. Viele Skates bieten automatisch eine hohe Stabilität im Knöchelbereich, doch gutes Material ist nur die halbe Miete auf dem Weg zum sicheren Skaten. Wichtig ist vor allem das richtige Gefühl für die Skates. Trainieren kann man die Balance am besten durch die beiden folgenden Übungen:

Übung 1:
Die Bilder links und rechts zeigen das bewußt „übertriebene" außen- bzw. innenkanten während einer Rollphase. Die Skates rollen dabei parallel in einer Linie. Beim Umsetzen von der Außen- auf die Innenkante kann man sehr genau spüren, wann der optimale Balancepunkt erreicht ist, hier zu sehen auf dem mittleren Bild.

Übung 2:
Beim Slalomfahren wird man indirekt gezwungen, immer auf die Innen- bzw. Außenkante der Skates zu gehen. Beide Inliner bleiben auch hierbei möglichst parallel nebeneinander. Je besser man dieses „Kanten" beherrscht, umso einfacher fällt dann später das Slalomlaufen. Dabei werden, wie beim normalen Kurvenlauf auch, immer nur die Skate-Innenkanten belastet. Nur wenn man den genauen Mittelpunkt der Skates gefunden hat, setzt man die Bewegungen hinterher auch wirklich sicher um. Und wenn man es dann kann, ist plötzlich alles ganz einfach. Wie immer.

VON 100 AUF NULL

ODER: WIE BREMSE ICH?

1.

2.

3.

1. Heel-Stop
Die Standard-Bremse für jedermann:
Aus der skating-position heraus wird der Skate, an dem das Bremsgummi befestigt ist, leicht nach vorn geschoben. Das Körpergewicht bleibt dabei auf dem anderen Bein. Die Arme dienen der Balance am besten, wenn man sie vor dem Körper waagerecht hochhält. Den Bremsskate nun zunächst leicht an der Fußspitze anheben, bis die Bremskraft einsetzt. Der Oberkörper sollte dabei möglichst ruhig gehalten werden, damit man die Bremsrichtung nicht verändert.
Je mehr Tempo, desto größer muß der Druck auf den Bremsskate sein. Dennoch sollte man zunächst möglichst langsam anfangen und den Druck dann erst durch ein Anheben der Fußspitze des Bremsskates erhöhen. Wenn noch mehr Bremskraft benötigt wird, das Körpergewicht langsam und leicht nach vorne verlagern.

Achtung: Die Gummi-Stopper nutzen mit der Zeit ab und sollten deshalb regelmäßig auf ihre Funktionalität überprüft werden.

2. T-Break
Aus der skating-position heraus wird ein Bein maximal im rechten Winkel auf dem Boden schleifend hinterher gezogen. Das Körpergewicht bleibt dabei auf dem Gleitbein. Mehr Druck auf dem Bremsbein bedeutet mehr Bremskraft. Zunächst sollte der Druck auf den Bremsskate nur sehr leicht ausgeübt werden, um dann langsam das Körpergewicht auf den Bremsskate nach hinten zu verlagern.

Achtung: Beim „Schleifen" im rechten Winkel drehen sich die Rollen des bremsenden Skates nicht mit, d.h. der Rollenverschleiß ist sehr hoch. Deshalb ist ein Bremswinkel, bei dem sich die Rollen mitdrehen, wesentlich rollenschonender.

3. Powerslide
Für geübte Skater und zum Bremsen aus höheren Geschwindigkeiten am besten geeignet ist der Powerslide. Der Anspruch an das individuelle Können ist hierbei allerdings sehr hoch, denn vor der eigentlichen Bremsung muß man in die Rückwärtsfahrt umspringen. Nur aus dieser Rückwärtsbewegung heraus funktioniert der Powerslide.
Den Blick voraus wird das Bremsbein dann gegen die Fahrtrichtung gestemmt, die Rollen schleifen auf dem Boden. Durch erhöhten Druck auf den Bremsskate erhöht sich die Bremswirkung.

Achtung: Auch hier ist der Rollenverschleiß sehr hoch.

Für alle Bremstechniken gilt:
Üben, üben, üben! Niemals sollte man sich auf nur eine Bremstechnik verlassen! Für alle gilt die Regel, dass es ein Standbein gibt auf dem das Körpergewicht ruht und ein Bremsbein, auf dem anfangs möglichst wenig Körpergewicht liegen sollte.
Jeder Skater muß sein persönliches Bremsbein selbst bestimmen. Ein Tip: Durch eine einfache Bremswegmessung hat man nicht nur viel Spaß, sondern ermittelt auch sehr einfach die für sich effektivste und somit beste Bremstechnik.

Alle Bremstechniken haben ihre Tücken und sind eigentlich nur zum Anbremsen oder zur Tempominderung geeignet, deshalb muß die Geschwindigkeit immer der Umgebung und dem eigenen Können angepaßt sein!

GESÜNDER STÜRZEN

ODER: WIE FALLE ICH RICHTIG?

A

B

C

D

Wenn der Sturz unvermeidlich ist, ist noch nicht alles verloren. Ein kontrollierter Sturz kann sogar in brenzligen Situationen die beste aller Bremstechniken sein. Es kommt vor allem auf zwei Dinge an: Die richtige Technik zu beherrschen und die komplette Schutzausrüstung zu tragen. Nur diese garantiert im Fall eines Falles den verletzungsfreien Sturz. Wer den Ablauf auf den Bildern A bis D mehrfach wiederholt, ist für den Ernstfall gewappnet.

Diese Übung wird zunächst aus dem Stand heraus durchgeführt. Wenn man sich dann sicher genug fühlt, sollte das Stürzen immer aus der Fahrt heraus geübt werden. Der Bodenbelag sollte beim Üben möglichst glatt sein. Achtung: Je schneller man fährt, desto schwieriger wird es, die richtige Fahrt- oder Sturzrichtung einzuhalten.

Phase A:
Es ist generell sehr wichtig, immer nach vorn zu fallen (Stürze nach hinten sollten aus dieser Position erst gar nicht passieren, denn sie sind zumeist unkontrolliert und damit sehr gefährlich - außerdem hat man hinten keine Schoner). Die Arme werden angewinkelt nach oben genommen, denn den ersten Bodenkontakt müssen die Knie haben.

Phase B:
Das Fallen auf die Knieschoner ist anfangs eine Mutfrage. Mit der entsprechenden Ausrüstung merkt man aber schnell, daß der Sturz auf die Knieschoner tatsächlich keinerlei Schmerzen bereitet. Die Arme bleiben zunächst noch angewinkelt in der Luft und kommen erst später zum Einsatz.

Phase C:
Nachdem man auf beiden Knieschonern gelandet ist, wird der Oberkörper nach vorne gekippt, bis die Ellbogen auf dem Boden aufsetzen. Ohne Schoner wäre das schmerzlos undenkbar, mit Schonern werden die Ellbogen zum Bremsanker. Die Hände bleiben immer noch in der Luft.

Phase D:
Erst jetzt kommen die Hände mit den Handgelenkschonern zum Einsatz. Hierbei ist es wichtig, die Fingerspitzen nach oben zu strecken, weg vom Boden. Wenn man diese Phase des Sturzes erreicht hat, ist schon fast alles vorüber - und es hat gar nicht weh getan!

Achtung: Die Risiken beim Skaten liegen oftmals allein in der Selbstüberschätzung. So schön es beispielsweise auch sein mag „downhill" einen Berg hinunter zu rauschen, so gefährlich ist es auch. Selbst Profis warnen davor, denn bei höheren Geschwindigkeiten können weder die besten Bremstechniken noch der beste Inline-Skater die Skates unter Kontrolle halten. So, nun aber viel Spaß beim Üben und Skaten!

MOUNTAIN BIKE GUIDE

Mountain Bike-Guide Ruhrgebiet
20 aussergewöhnliche
Mountain Bike-Touren im Ruhrgebiet
128 Seiten,
mit heraustrennbaren Roadbooks,
durchgehend vierfarbig, broschiert,
16,00 EURO

Der Mountain Bike-Guide Ruhrgebiet

20 aussergewöhnliche MTB-Touren zwischen Duisburg und Dortmund

Auch im Ruhrgebiet sind die Mountain Biker auf der Suche nach Touren, die genau das bieten, was sich der Geländeradler wünscht: eine landschaftlich reizvolle Umgebung, möglichst viel Natur und anspruchsvolle Streckenprofile kilometerlang.
Der Mountain Bike-Guide Ruhrgebiet stellt 20 solcher Touren vor, die detailliert und praxisnah in Wort und Bild beschrieben sind. Alle Strecken sind außerdem als Roadbook herausnehmbar und liefern so alle nötigen Infos für unterwegs.

Der Mountain Bike-Guide Ruhrgebiet ist überall im Buchhandel erhältlich.

DIE LAGE

UNSER „KURSANGEBOT" IN FRANKFURT

Inline-Skates funktionieren nur auf glattem Asphalt, der allerdings über etliche Kilometer hinweg sehr schwer zu finden ist. Erkundungen auf eigene Faust enden deshalb oft im geschotterten Abseits. Wo skaten also, wenn die immergleiche „Hausstrecke" nach und nach langweilig wird?

Wir bieten im INLINE GUIDE 15 Alternativen an, die von Inline-Scouts auf ihre Tauglichkeit gecheckt wurden. 15 Strecken unterschiedlichen Charakters, Routen zum bummeln und sprinten, Touren für Träumer und Tempo-Freaks. Dazu sei gesagt, daß die verkehrsrechtliche Situation der Inline-Skater vielen interessanten Rundkursen noch immer einen Riegel vorschiebt, denn wenn sich auch in der harten Realität schon längst Sohlen, Reifen und Rollen die Wege teilen, so müssen sich doch alle Skater darüber im klaren sein, daß die Benutzung von Radwegen mit den rollenden Schuhen noch immer nicht erlaubt ist.

Wir sind jedoch der Zeit ein wenig vorausgeeilt und haben in einige Routen auch Abschnitte auf Radwegen eingebaut, allein deshalb, weil es sich kaum vermeiden läßt. Wer diese Routen dennoch skatet, wird also zum Schwarzfahrer.

Um so wichtiger, daß Walker, Biker und Skater zukünftig noch mehr Rücksicht aufeinander nehmen. Wir haben die vorgestellten Routen mir großer Sorgfalt erkundet. Sollte sich dennoch irgendwo ein Fehler eingeschlichen haben, so laßt es uns bitte wissen. Auch können wir nicht ausschließen, das Details sich im Laufe der Zeit verändern. Um den INLINE GUIDE immer auf dem aktuellsten Stand zu halten, sind Eure Hinweise - z.B. auf Baumaßnahmen - bei uns sehr willkommen.

Eine Übersicht aller in den Karten verwendeten Symbole zeigt Euch der praktische kleine Klapper auf der letzten Seite des Buches, den Ihr auch als Lesezeichen nutzen könnt.

Viel Spaß also bei der Lektüre und viele erlebnisreiche und sturzfreie Kilometer auf acht oder zehn Rollen.

1. Zwischen Hungen-Utphe und Echzell
2. Um den Galgenberg in Ober-Mörlen
3. Zwischen Obereschbach und Burgholzhausen
4. Bommersheim
5. Von Bommersheim nach Niederursel
6. Offenbach-Rumpenheim nach Frankfurt-Fechenheim
7. Rumpenheim und Mühlheim am Main
8. Innenstadt Frankfurt
9. Von Nied nach Rödelheim
10. Museumsufer
11. Frankfurt-Flughafen
12. Frankfurt-Flughafen nach Zeppelinheim
13. Heusenstamm
14. Bei Seligenstadt
15. Bei Babenhausen

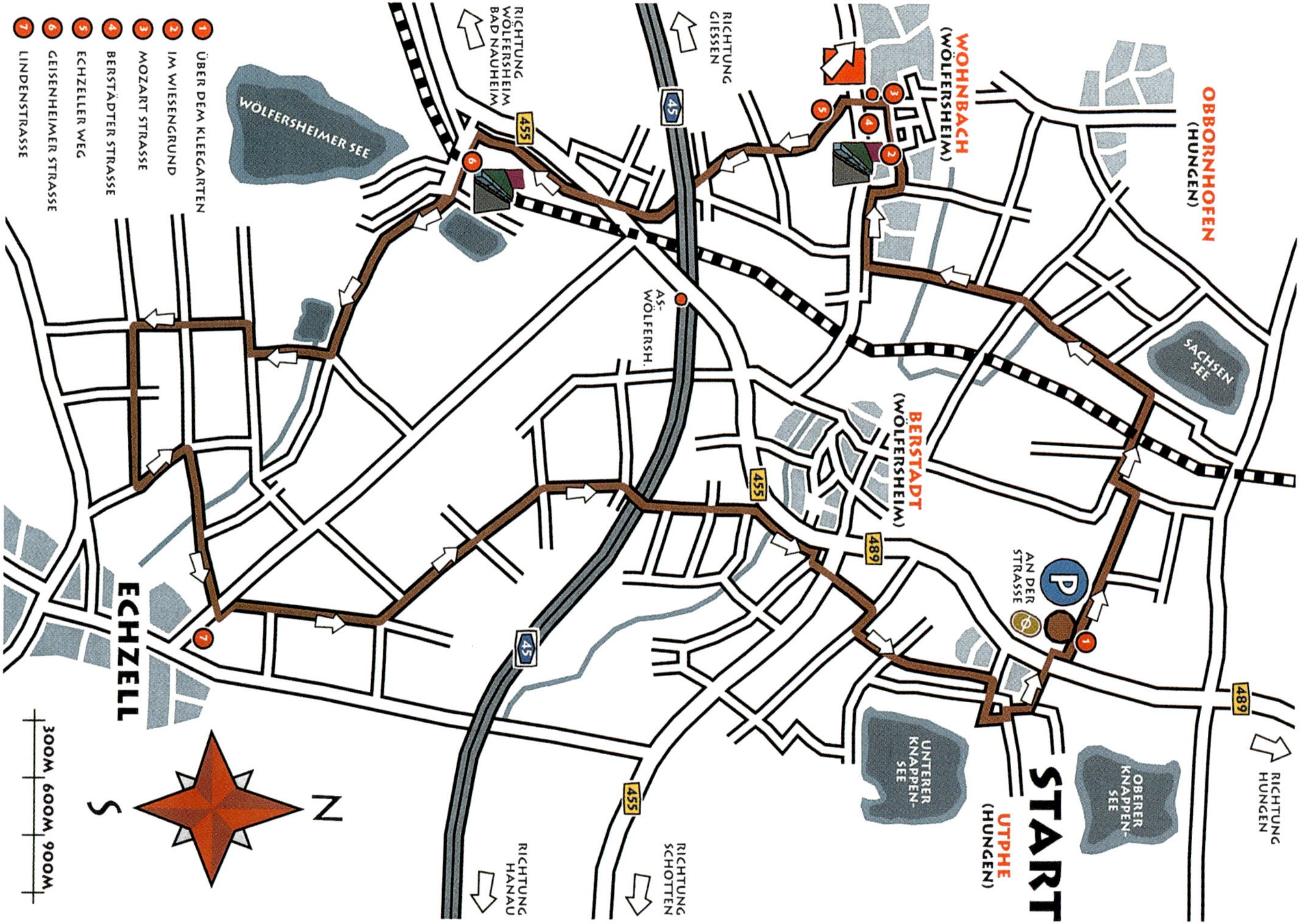
1 ÜBER DEM KLEEGARTEN
2 IM WIESENGRUND
3 MOZART STRASSE
4 BERSTÄDTER STRASSE
5 ECHZELLER WEG
6 GEISENHEIMER STRASSE
7 LINDENSTRASSE
WÖLFERSHEIMER SEE
RICHTUNG WÖLFERSHEIM BAD NAUHEIM
RICHTUNG GIESSEN
WOHNBACH (WÖLFERSHEIM)
OBBORNHOFEN (HUNGEN)
AS-WÖLFERSH.
SACHSEN SEE
BERSTADT (WÖLFERSHEIM)
AN DER STRASSE
ECHZELL
UNTERER KNAPPEN-SEE
OBERER KNAPPEN-SEE
START
UTPHE (HUNGEN)
RICHTUNG HUNGEN
RICHTUNG HANAU
RICHTUNG SCHOTTEN
300M 600M 900M
S
N
455
45
489

TOUR NR. 1

ZWISCHEN HUNGEN-UTPHE UND ECHZELL

22 KM / EINGESCHRÄNKT EINSTEIGER-GEEIGNET

LAGE:
Nördlich von Frankfurt, östlich von Butzbach

STARTPUNKT:
Parkplatz an der Straße „Über dem Kleegarten“

ANFAHRT:
Pkw: BAB 45, Ausfahrt Wölfersheim. Weiter Richtung Schotten. Auf der B 455 nach Hungen-Uthpe hinein und vorm Ortsausgang nach links anbbiegen. Die Straße heißt „Über dem Kleegarten“. Parkmöglichkeiten links an der Straße in Höhe der Volkshalle bzw. des Sportplatzes.

STRECKENCHARAKTER:
88 5 feinste Betonplatten, 10 % Asphalt, Rest Verbundsteinpflaster. Strecke mit einer leichten Steigung. Rundkurs auf wenig befahrenen Straßen sowie Land- und Forstwirtschaftswegen.

SPECIALS:
Vergeblich haben wir Ausschau gehalten. Ein gefüllter Rucksack kann nicht schaden.

TIPP:
Auch abseits der Asphalt-Strecken bester Belag. Fitness-Skater mit Blick für die Natur sind hier bestens aufgehoben. Einsteiger sollten sich nicht überschätzen: Der Rundkurs ist reichlich lang und setzt Kondition voraus. Ihr solltet mit Fußgängern und Radfahrern rechnen.

BESCHREIBUNG:
Vom Parkplatz folgt Ihr der Zufahrtstraße „Über dem Kleegarten“, bis Euch bei km 1 eine Querstraße bremst. Links geht es weiter. An der nächsten T-Kreuzung rechts abbiegen. Geradeaus, über die Gleise, durch eine Linkskurve. Ignoriert alle Abzweige und rollt kurz vor km 4 über eine Brücke. Der Waschbach liegt Euch zu Füßen. Nach 300 km trefft Ihr auf eine T-Kreuzung (vor der Hauptstraße) und rollt nach rechts.
Wenn es geradeaus nicht mehr weiter geht, skatet Ihr nach rechts und kurz darauf durch eine Linkskurve. Der Landwirtschaftsweg bringt Euch in ein Wohngebiet. Wechselt auf den Bürgersteig links an der Straße „Im Wiesengrund“.
200 m weiter biegt Ihr nach links ab (Mozart Straße). Hinter der Schillerstraße, die Euren Weg quert, geht es mit einer Steigung zur Berstädter Straße, der Ihr nach rechts folgt. 100 m nur, dann habt Ihr auf der anderen Straßenseite Anschluss an den Echzeller Weg, der Euch auf den nächsten 2 km feinste Betonplatten bietet. In Höhe vom km 7 taucht Ihr unter der BAB 45 durch. Hinter km 7,5 stellt sich eine stärker befahrene Straße quer: Auf der anderen Straßenseite nehmt Ihr (nach rechts) den Landwirtschaftsweg, der parallel zur Hauptstraße verläuft. Am Ende dieses Weges skatet Ihr nach links in die Giesenheimer Straße (Bürgersteig links, Richtung Reitanlage).

Bei km 9 überquert Ihr Bahngeleise, kurz dahinter wird die Straße erneut zum Landwirtschaftsweg. Ein kurzes Asphaltstück, dann habt Ihr wieder Betonplatten unter den Rollen. Haltet die Spur, bis rechts ein Teich auftaucht: An der Kreuzung rechts abbiegen. An der nächsten T-Kreuzung entscheidet Euch bitte für den Weg nach rechts. 200 m weiter (km 11,5) müsst Ihr nach links abbiegen, dann geht es erst einmal rund 1.000 m geradeaus; an der zweiten Kreuzung skatet Ihr nach links. Geradeaus über eine Kreuzung, dann der quer verlaufenden Piste nach links folgen. 500 m weiter die nächste Kreuzung (km 14): Nach rechts geht es zu einer Brücke (Biedrichsgraben) und an einem Abzweig (Scheune) geradeaus vorbei. Mit einem Links-rechts-Schwenk überquert Ihr bei km 15 die Lindenstraße und habt damit gleich Anschluss an einen leicht versetzt abzweigenden Landwirtschaftsweg. Rollt geradeaus bis km 16: Am Wegekreuz nach links. Etwa zwei Kilometer skatet Ihr stets geradeaus (im Zweifel mit Tendenz nach rechts) und erreicht bei km 18 eine Brücke, die Euch über die BAB 45 bringt. Bei km 19 zieht Ihr durch eine Rechtskurve, nehmt die Brücke (Waschbach) und lasst eine Unterführung links liegen. Am folgenden Abzweig rollt Ihr weiter durch die Rechtskurve (noch einen Abzweig nach links ignorieren) und nehmt den Weg nach links zur Hauptstraße (B 455) hinauf. Auch hier habt Ihr auf der anderen Seite Anschluss an einen Landwirtschaftsweg. An der T-Kreuzung (km 20) rechts, am folgenden Abzweig nach links und geradeaus bis zur T-Kreuzung von der Wohnsiedlung: Wenn Ihr hier nach rechts skatet, gelangt Ihr auf den Heegweg, dem Ihr bis zur nächsten T-Kreuzung folgt. Hier zunächst links abbiegen, 100 m weiter nach rechts rollen, 100 m später vorm Friedhof nach links fahren und diesem Weg bis zum Ende folgen: Die B 489 überqueren, dann rechts über den Bürgersteig bis zur nächsten Straße, dieser nach links folgen. Und schon findet Ihr Euch „Über dem Kleegarten“ wieder. Noch 100 m und der Rundkurs schließt sich.

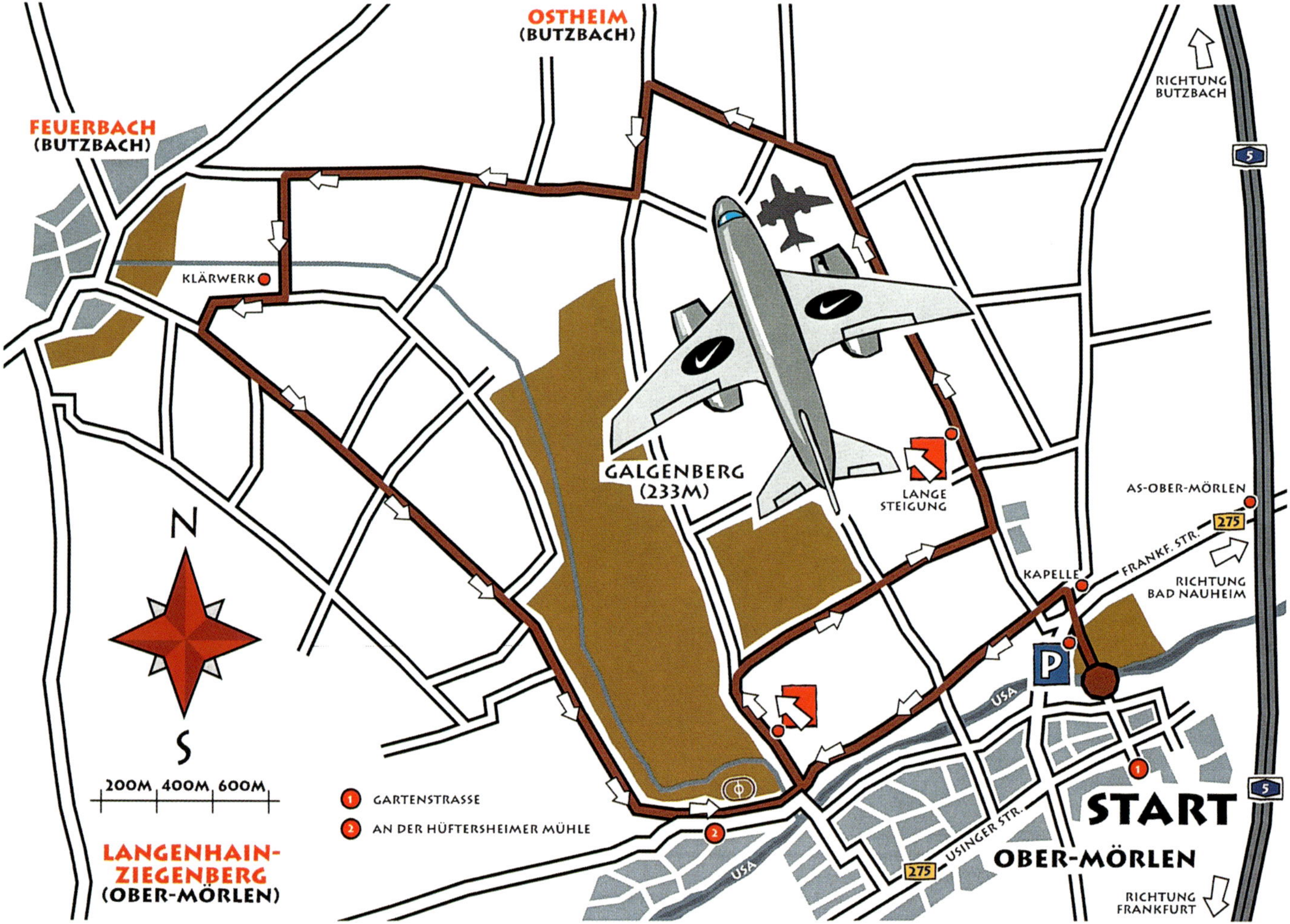
OSTHEIM
(BUTZBACH)
FEUERBACH
(BUTZBACH)
RICHTUNG
BUTZBACH
5
KLÄRWERK
GALGENBERG
(233M)
LANGE
STEIGUNG
AS-OBER-MÖRLEN
275
FRANKF. STR.
KAPELLE
RICHTUNG
BAD NAUHEIM
N
S
P
USA
200M 400M 600M
1 GARTENSTRASSE
2 AN DER HÜFTERSHEIMER MÜHLE
START
USINGER STR.
OBER-MÖRLEN
RICHTUNG
FRANKFURT
LANGENHAIN-
ZIEGENBERG
(OBER-MÖRLEN)

TOUR NR. 2

UM DEN GALGENBERG IN OBER-MÖRLEN
12 KM / EINGESCHRÄNKT EINSTEIGER-GEEIGNET

LAGE:
Nördlich von Frankfurt, zwischen Bad Nauheim und Butzbach

STARTPUNKT:
Parkplatz am Friedhof

ANFAHRT:
Pkw: BAB 5, Ausfahrt Ober-Mörlen. Weiter auf der B 275 Richtung Ober-Mörlen und nach dem Ortseingang an der ersten Möglichkeit nach links abbiegen. Dann die erste Straße rechts und beim Friedhof parken.

STRECKENCHARAKTER:
25 % Asphalt, 75 % Betonplatten. Strecke mit seltenen, starken Steigungen und Gefällen. Rundkurs auf wenig befahrenen Straßen bzw. Land- und Forstwirtschaftswegen.

SPECIALS:
Sportzentrum in Ober-Mörlen

TIPP:
Ruhige Tour durch Felder und Wiesen. Ihr solltet allerdings recht sicher auf den Rollen stehen, denn ab und an müsst Ihr mit Autos rechnen. Außerdem wartet bei km 3 eine ordentliche Steigung.

BESCHREIBUNG:
Vom Parkplatz aus rollt Ihr zunächst in die Richtung, aus der Ihr gekommen seid, also zur B 275 zurück. Diese geradeaus überqueren (Vorsicht bitte!) und bei der Kapelle dem Abzweig nach links folgen. Auf Betonplatten skatet Ihr nun geradeaus weiter. Erst bei km 1,5, noch vor einer Brücke, biegt Ihr nach rechts ab und gelangt alsbald an eine Steigung. Es kommt eine Parkbank in Sicht: Euer Weg führt nun nach rechts weiter (geradeaus beginnt eine unbefestigte Piste).

Nächste Wegmarke: Ein Bauernhof kurz vor km 3. Erst rollt Ihr auf ihn zu, dann nehmt Ihr den Weg, der vorm Hof nach links verläuft. Die Straße ist asphaltiert und führt Euch in einer langgezogenen Steigung bis km 4. Bleibt geradeaus, der Belag wechselt kurzfristig, und auf Betonplatten skatet Ihr durch eine Linkskurve. Dann habt Ihr wieder Asphalt unter den Rollen, bis zur T-Kreuzung bei km 5: Links ab und 400 m weiter dem Verlauf des „R6" nach rechts folgen. Ihr lasst einen Abzweig rechts und einen weiteren links liegen. Erst hinter km 7,5 nehmt Ihr den mit Betonplatten belegten Weg nach links (Schlaglöcher). Dieser führt Euch auf eine Brücke und über einen Bach. An der T-Kreuzung beim kleinen Klärwerk skatet Ihr nach rechts. Ihr gleitet durch eine Linkskurve und biegt an der nächsten T-Kreuzung nach links ab.

Auf guten Betonplatten rollt Ihr nun stets geradeaus an mehreren Straßeneinmündungen vorbei. Später dann geht es durch eine Linkskurve zum Ortseingang von Ober-Mörlen. Nehmt hier den Fuß- und Radweg an der linken Straßenseite.

Ihr rollt an einem Sportplatz vorbei und haltet Euch an der folgenden Gabelung links. Wenn Ihr die Brücke überquert habt, trefft Ihr auf ein Wegstück, das Ihr bereits zu Beginn der Tour absolviert habt - es geht also nun auf bekanntem Weg zurück zum Ausgangspunkt.

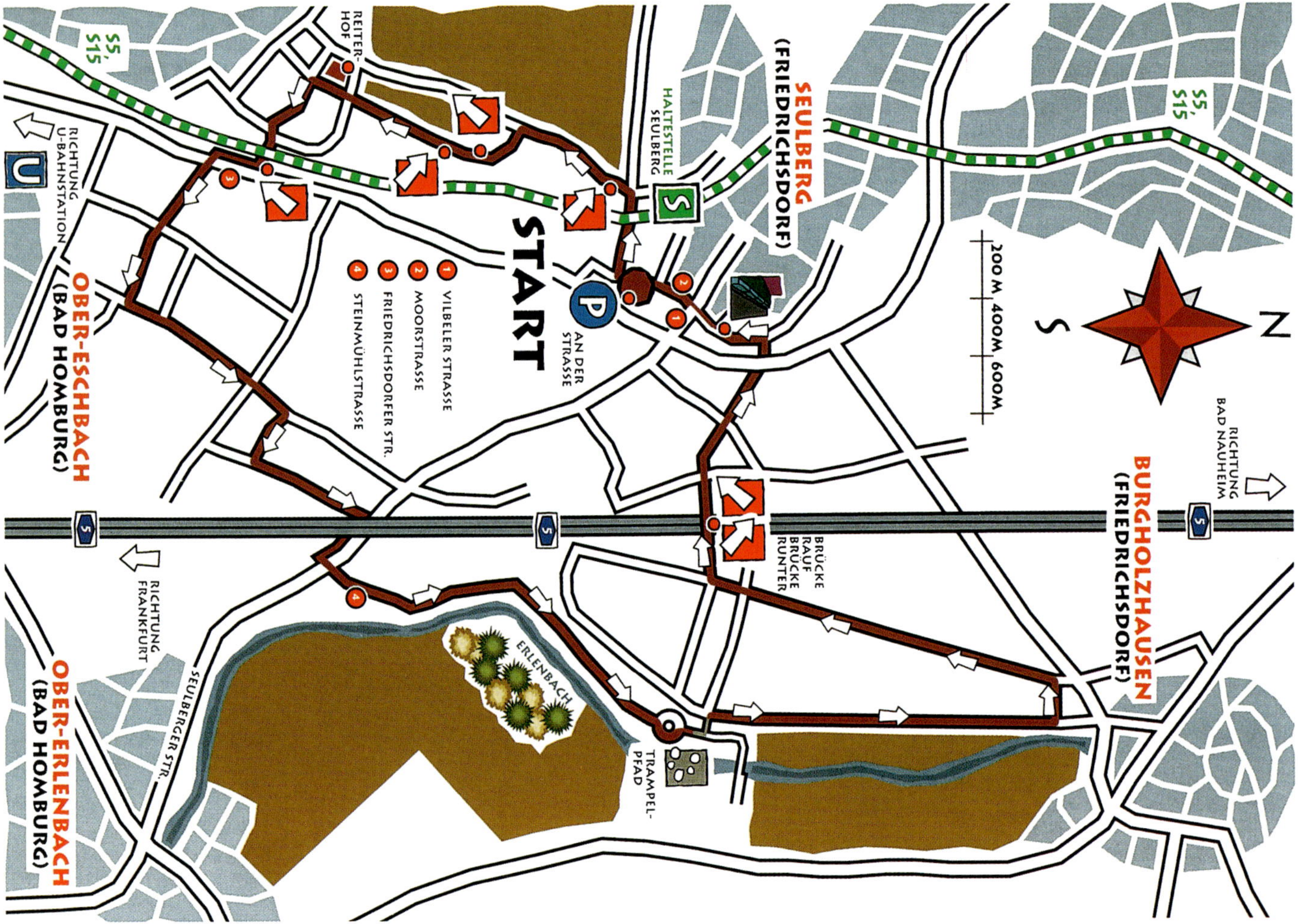
S5, S15
REITER-HOF
SEULBERG (FRIEDRICHSDORF)
HALTESTELLE SEULBERG
S5, S15
START
AN DER STRASSE
1 VILBELER STRASSE
2 MOORSTRASSE
3 FRIEDRICHSDORFER STR.
4 STEINMÜHLSTRASSE
N
S
200 M, 400 M, 600 M
RICHTUNG U-BAHNSTATION
OBER-ESCHBACH (BAD HOMBURG)
RICHTUNG BAD NAUHEIM
BURGHOLZHAUSEN (FRIEDRICHSDORF)
BRÜCKE RAUF BRÜCKE RUNTER
RICHTUNG FRANKFURT
OBER-ERLENBACH (BAD HOMBURG)
SEULBERGER STR.
ERLENBACH
TRAMPEL-PFAD

TOUR NR. 3

ZWISCHEN OBERESCHBACH UND BURGHOLZHAUSEN

9,5 KM / EINGESCHRÄNKT EINSTEIGER-GEEIGNET

LAGE:
Nördlich von Frankfurt, östlich von Bad Homburg

STARTPUNKT:
Ende der Moorstraße/Beginn Forstweg

ANFAHRT:
Pkw: BAB 661, Ausfahrt Oberursel. Weiter nach Bad Homburg, dort den Schildern Richtung Friedberg (B 455) folgen, bis an einer Ampel Friedrichsdorf/Seulberg ausgeschildert ist. Dem Wegweiser nach und von der Umgehungsstraße an der dritten ausgeschilderten Möglichkeit Richtung Seulberg fahren: Also an der Ampel rechts abbiegen auf die Vilbeler Straße und bei der abknickenden Vorfahrt nach links in die Moorstraße. In Höhe der Tankstelle solltet Ihr in dieser Sackgasse eine Parkmöglichkeit am straßenrand suchen.
ÖPNV: U2 bis Gopnzenheim, über Frankfurter Landstr. zur Friedrichsdorfer Straße (liegt nördlich). Quereinstieg in den Rundkurs hinterm Reiterhof (bei km 2).

STRECKENCHARAKTER:
87 % Asphalt, 10 % Betonplatten, 200 m unbefestigt, 100 m Verbundpflaster. Strecke mit seltenen, starken Steigungen. Rundkurs überwiegend auf wenig befahrenen Straßen sowie Land- und Forstwirtschaftswegen.

SPECIALS:
Fehlanzeige. Gettränke nicht vergessen.

TIPP:
Die Steigungen und Gefälle am Start bieten gleichzeitig eine reizvolle Aussicht. Leider müsst Ihr ein kurzes Stück „Trampelpfad" in Kauf nehmen. Lasst Euch davon aber nicht abhalten. Die Vielzahl der Spaziergänger belegt, dass die Tour wirklich lohnt.

BESCHREIBUNG:
Vom Ende der Moorstraße gelangt Ihr auf einen asphaltierten Land- und Forstwirtschaftsweg. Skatet nach rechts und lasst gleich zu Beginn einen anderen Weg links liegen. Ihr rollt unter den Eisenbahn-Gleisen durch und nehmt an der Kreuzung den ansteigenden weg nach links. Folgt der Asphalt-Piste über ein leichtes Gefälle, dann eine leichte Steigung hinauf, Ihr gleitet durch eine Linkskurve, bergab und kurvt einen Bogen nach rechts. Hinter km 1 erwartet Euch eine kurze, starke Steigung. Nun rollt Ihr noch einmal abwärts. An der Kreuzung beim Reitplatz links abbiegen. 300 m weiter erneut nach links und gleich darauf nach rechts, Richtung Brücke. Ihr überquert die Gleise und ein leichtes Gefälle bringt Euch hinunter zur Hauptstraße. Skatet nach rechts und nutzt den Radweg, der durch einen Grünstreifen von der Fahrbahn getrennt ist. Wenn der Radweg endet (km 2), überquert Ihr die stärker befahrene Friedrichsdorfer Straße (und trefft auf die Quereinsteiger, die mit der U-Bahn angereist sind).

Auf der östlichen Straßenseite habt Ihr Anschluss an einen Land- und Forstwirtschaaftsweg (Betonplatten). Folgt ihm über eine Kreuzung geradeaus bis zu einer T-Kreuzung: Hier skatet Ihr nach links. Ihr gleitet geradeaus, durch eine Rechtskurve, durch eine Linkskurve und erreicht bei km 4 eine größere Straße. Folgt dem Fuß- und Radweg nach rechts. Es geht unter der Autobahn durch. Nach 200 m wechselt Ihr auf die andere Straßenseite und rollt auf der Steinmühlstraße Richtung Gewerbegebiet Steinmühle bis Ihr in einen Wendekreis gelangt. Auf einem hier beginnenden schmalen, gepflasterten Weg skatet Ihr rechts an einem Firmengelände vorbei, d.h. am Bach englang. Stichwort: Trampelpfad. Bei km 5,5 wird die Piste unbefestigt. Linkskurve, dann in der Rechtskurve geradeaus dem Pfad durch die Wiese (ca. 30 m) folgen. Ihr erreicht zu guter Letzt einen asphaltierten Weg, dem Ihr nach rechts folgt.

Kurz vor km 7 führt die Route vor einem Bauernhof nach links und 100 m weiter gleich noch einmal nach links. Bei km 8 ignoriert Ihr einen Abzweig nach rechts. 200 m weiter skatet Ihr nach rechts und auf eine Brücke hinauf. Am Ende der Brücke wartet ein Gefälle. Geradeaus weiter rollen (auf sehr gutem Asphalt), durch eine Rechtskurve und durch eine Unterführung.

An der T-Kreuzung bei km 9 führt Euer Weg nach links. Ihr gelangt an eine Vorfahrtsstraße, überquert diese und folgt der Moorstraße (Bürgersteig rechte Seite). Wenn Ihr Euch an der nach links abknickenden Vorfahrt geradeaus haltet, könnt Ihr der Moorstraße bis zum Parkplatz folgen.
Auf die Quereinsteiger warten dann noch diverse Höhen und Tiefen…

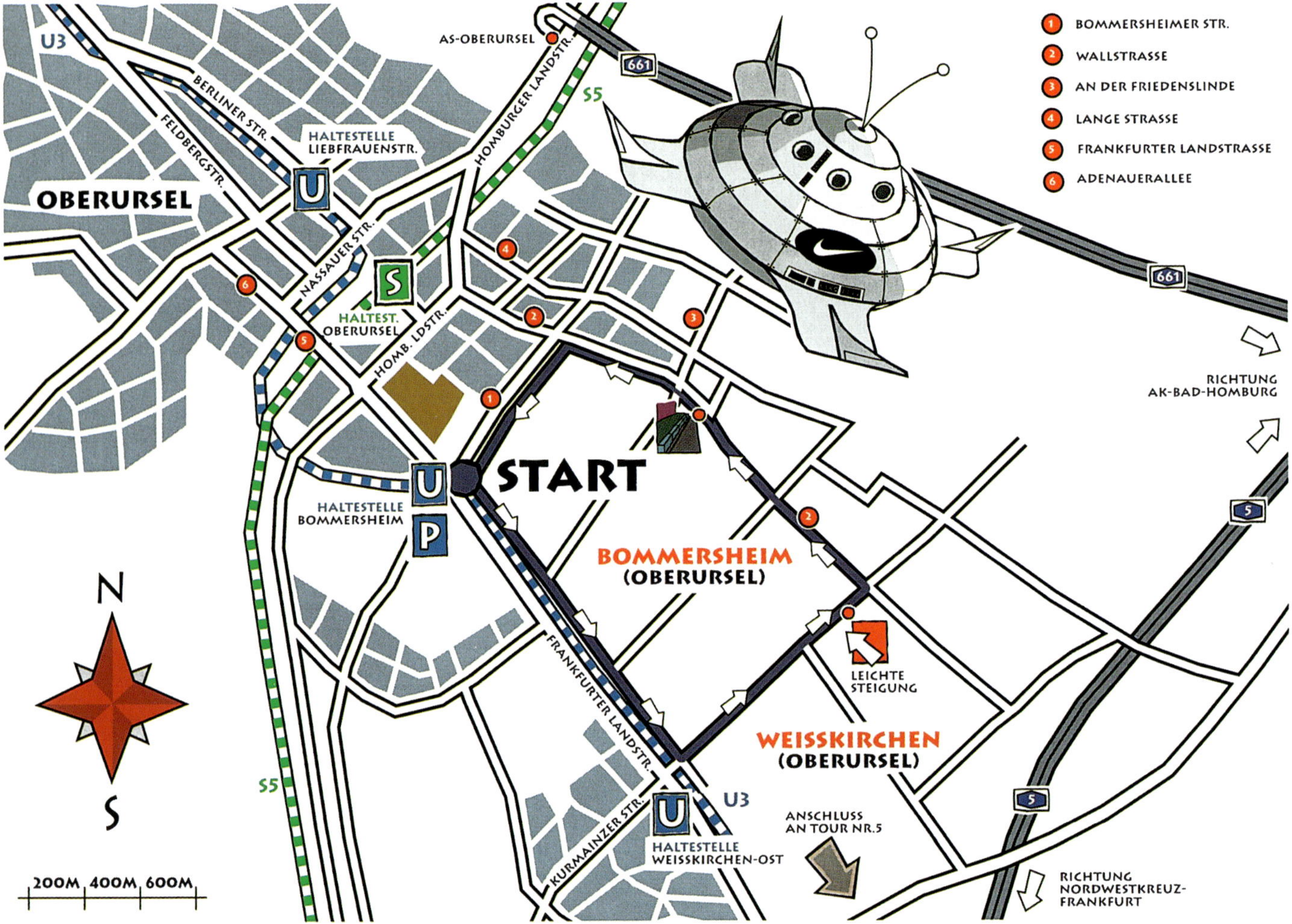
U3
BERLINER STR.
FELDBERGSTR.
HALTESTELLE
LIEBFRAUENSTR.
OBERURSEL
NASSAUER STR.
HALTEST.
OBERURSEL
HOMB. LDSTR.
AS-OBERURSEL
HOMBURGER LANDSTR.
S5
661
START
HALTESTELLE
BOMMERSHEIM
BOMMERSHEIM
(OBERURSEL)
LEICHTE
STEIGUNG
WEISSKIRCHEN
(OBERURSEL)
FRANKFURTER LANDSTR.
KURMAINZER STR.
U3
HALTESTELLE
WEISSKIRCHEN-OST
ANSCHLUSS
AN TOUR NR.5
RICHTUNG
AK-BAD-HOMBURG
RICHTUNG
NORDWESTKREUZ-
FRANKFURT
5
N
S
200M 400M 600M
1 BOMMERSHEIMER STR.
2 WALLSTRASSE
3 AN DER FRIEDENSLINDE
4 LANGE STRASSE
5 FRANKFURTER LANDSTRASSE
6 ADENAUERALLEE

TOUR NR. 4

BOMMERSHEIM

4 KM / EINSTEIGER-GEEIGNET

LAGE:
Nördlich von Frankfurt, im Feld von Oberursel/Bommersheim

STARTPUNKT:
Parkplatz U-Bahnstation Bommersheim

ANFAHRT:
Pkw: BAB 661, Ausfahrt Oberursel. Weiter auf der Homburger Landstraße (später Nassauer Straße) Richtung Oberursel. An einer Autovermietung vorbei und über die U-Bahn-Strecke. An der nächsten großen Kreuzung (Adenauerallee liegt rechts) nach links auf die Frankfurter Landstraße. Nach der 2. Ampel gleich links (Bommersheimer Straße) und sofort wieder rechts zum P+R-Platz an der U-Bahn Bommersheim.
ÖPNV: Vom Hauptbahnhof Frankfurt aus mit der U 3 (Oberursel-Hohemark) bis Haltepunkt Bommersheim.

STRECKENCHARAKTER:
75 % Asphalt, Rest Verbundsteinpflaster und Betonplatten. Strecke mit seltenen, leichten Steigungen und Gefällen. Rundkurs auf Fuß- und Radwegen.

SPECIALS:
Keine Gastros aber ein kleiner Supermarkt am Weg.

TIPP:
Eine Tour, die sich zum Beispiel für Familien mit Kindern gut eignet. Leichte Steigungen und Gefälle sollten aber problemlos bewältigt werden können. Die Qualität der Strecke ist ausgesprochen gut. Tour Nr. 5 hat übrigens den gleichen Startpunkt.

BESCHREIBUNG:
Auf Asphalt skatet Ihr zunächst vom Startpunkt aus in südlicher Richtung und bleibt links neben der U-Bahn-Strecke. Ihr rollt nun parallel zur Frankfurter Landstraße (L 3004).

Nach 400 m gibt es einen Abzweig nach links, an dem Ihr geradeaus vorbei rollt. 400 m weiter das gleiche noch einmal. Kurz hinter km 1 erreicht Ihr einen weiteren Abzweig: Diesmal biegt Ihr links ab auf den Betonplatten-Weg. Nach weiteren 500 m trifft von rechts ein Weg auf unsere Strecke. Fahrt weiter geradeaus. Der Belag wechselt wieder zu Asphalt und es geht leicht bergauf.

An der nächsten Kreuzung skatet ihr nach links. Ihr kommt an einem Umspannwerk vorbei, fahrt geradeaus über eine Kreuzung und rollt in ein Wohngebiet. Hier könnt Ihr dem Bürgersteig auf der linken Straßenseite folgen. Die Straße, auf der Ihr unterwegs seid, heißt Wallstraße. An der Kreuzung mit der Straße „An der Friedenslinde“ haltet Ihr Euch weiterhin geradeaus. Noch 300 m, dann habt Ihr Verbundsteinpflaster unter den Rollen, das aber gut zu befahren ist.

Nur 100 m weiter trefft Ihr wieder auf eine Kreuzung (Einkaufsmöglichkeit). Die Route führt jetzt nach links und es gibt getrennte Wege für Radfahrer und Fußgänger.

Es geht parallel zur Bommersheimer Straße stets geradeaus. Noch etwa 600 m, dann habt Ihr den Ausgangspunkt der Tour erreicht.

Wer noch Kondition hat, kann die Tour Nr. 5 „Von Bommersheim nach Niederursel“ anhängen.

AS 661
OBERURSEL
U3
START
HALTESTELLE
BOMMERSHEIM
OBERURSEL
FRANKFURTER LANDSTR.
BOMMERSHEIM
(OBERURSEL)
RICHTUNG
AK-BAD-HOMBURG
5
ANSCHLUSS
AN TOUR NR.4
WEISSKIRCHEN
(OBERURSEL)
KURMAINZER STR.
HALTEST.
WEISS-
KIRCHEN-OST
AM WEISSKIRCHENER BERG
STIERSTADT
(OBERURSEL)
N
S
1 BOMMERSHEIMER STR.
2 ZIMMERSMÜHLENWEG
3 ROSA-LUXEMBURG-STR.NDE
4 OBERURSELER WEG
5 SPIELSGASSE
WENDEPUNKT
RICHTUNG
NORDWESTKREUZ-
FRANKFURT
NIEDERURSEL
HALTEST.
NIEDERURSEL
200M 400M 600M

TOUR NR. 5

VON BOMMERSHEIM NACH NIEDERURSEL

7 KM / EINGESCHRÄNKT EINSTEIGER-GEEIGNET

LAGE:

Nördlich von Frankfurt, nördlich von Niederursel

STARTPUNKT:

Parkplatz U-Bahnstation Bommersheim

ANFAHRT:

Pkw: BAB 661, Ausfahrt Oberursel. Weiter auf der Homburger Landstraße (später Nassauer Straße) Richtung Oberursel. An einer Autovermietung vorbei und über die U-Bahn-Strecke. An der nächsten großen Kreuzung (Adenauerallee liegt rechts) nach links auf die Frankfurter Landstraße. Nach der 2. Ampel gleich links (Bommersheimer Straße) und sofort wieder rechts zum P+R-Platz an der U-Bahn.
ÖPNV: Vom Hauptbahnhof Frankfurt aus mit der U 3 (Oberursel-Hohemark) bis Haltepunkt Bommersheim.

STRECKENCHARAKTER:

99 % Asphalt, 120 m Schotter/Sand auf dem Weg zur U-Bahn Niederursel. Durchgängig ebene Piste. Hin- und Retour-Strecke überwiegend auf Fuß- und Radwegen, 1 km auf wenig befahrenen Straßen.

SPECIALS:

Eine Gastro am Wendepunkt

TIPP:

Wer mit der U-Bahn anreist, kann in Bommersheim starten und hat am Wendepunkt Anschluss an den U-Bahnhof Niederursel. In Kombination mit dem Rundkurs der Tour Nr. 4 „Bommersheim" gibt es also diverse Variationsmöglichkeiten. Auf der langen Geraden durch die Felder (Hallo Speedskater!) werdet Ihr öfter auf Fahrradfahrer und Fußgänger treffen.

BESCHREIBUNG:

Diese Tour führt Euch im Prinzip schnurgerade von einem Stadtteil in den anderen. Ihr folgt dabei dem Verlauf der U-Bahn-Strecke.

Vom Startpunkt aus in südlicher Richtung und an den Gleisen entlang, die rechts von Euch liegen. Ihr skatet parallel zur Frankfurter Landstraße (L 3004).

Auf den ersten 1,5 Kilometern fahrt Ihr an insgesamt vier kleinen Wegen vorbei, die von links auf Eure Strecke treffen. Kurz bevor auf der anderen Straßenseite eine Tankstelle liegt, müsst Ihr eine Straße überqueren. Es gibt eine Fußgänger-Ampel.

Hinter km 2,5 lasst Ihr zunächst einen weiteren Abzweig links liegen und skatet dann unter der Autobahn (BAB 5) durch.

An der folgenden Abzweigung haltet Ihr Euch geradeaus und rollt unter der Brücke durch. Kurz dahinter wird der Asphalt etwas rauher und etwa bei km 3,5 endet der Radweg. Wer die gleiche Strecke zurück fahren will, wendet hier.

Wer den Anschluss an die U-Bahn sucht, kann geradeaus fahren: Es folgen eine Steigung, 120 m Schotter und ein Gefälle.

Vorsicht, am Ende des Gefälles wartet eine Straße! Der U-Bahn-Eingang liegt rechts ums Eck. Stressfreier geht es, wenn Ihr am Wendepunkt rechts abbiegt: Überquert die Gleise und rollt auf dem Bürgersteig zum U-Bahn-Eingang (Gastro).

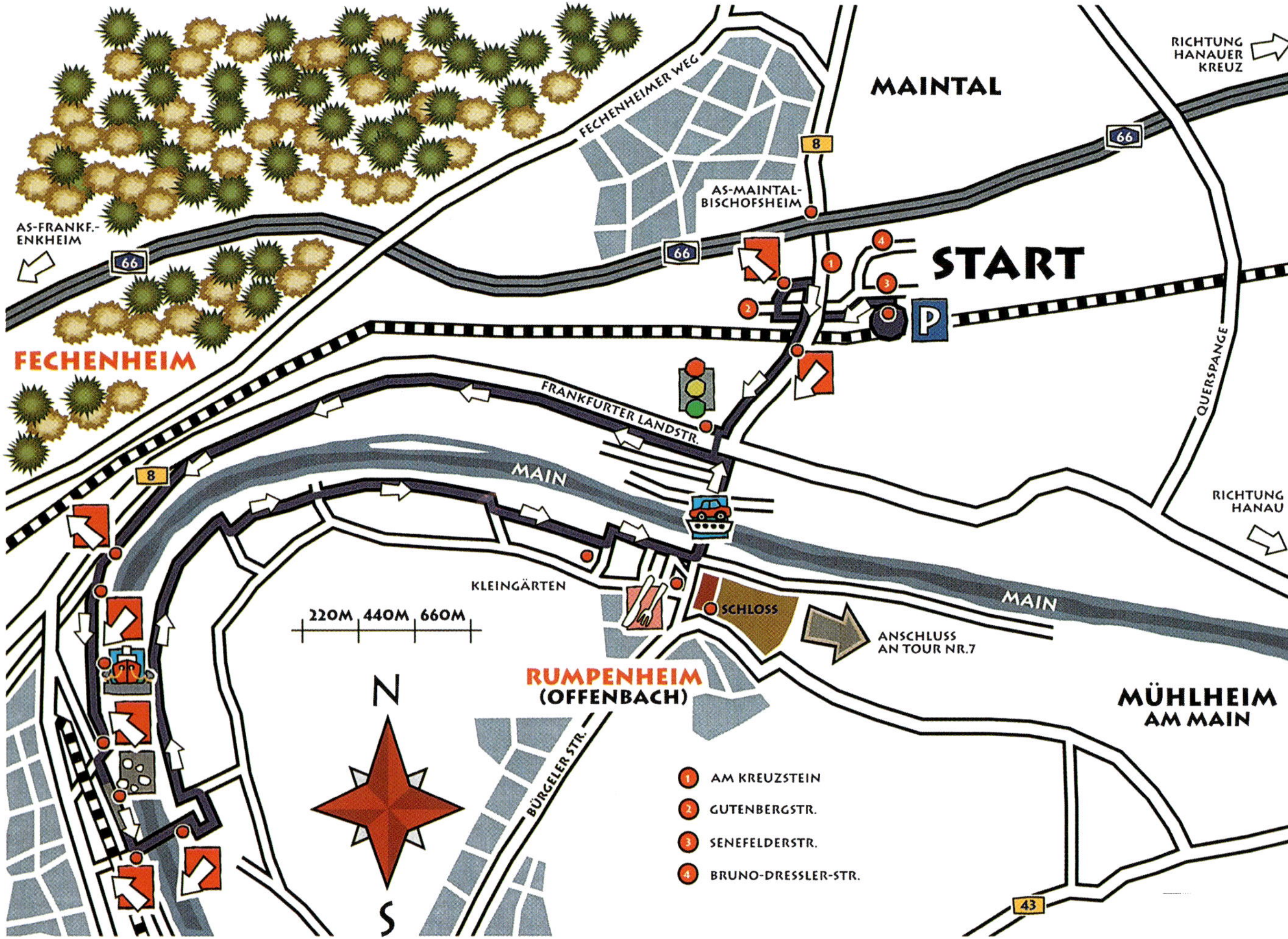
RICHTUNG
HANAUER
KREUZ
MAINTAL
FECHENHEIMER WEG
8
66
AS-MAINTAL-
BISCHOFSHEIM
AS-FRANKF.-
ENKHEIM
66
66
START
1
2
3
4
P
FECHENHEIM
FRANKFURTER LANDSTR.
QUERSPANGE
MAIN
8
RICHTUNG
HANAU
KLEINGÄRTEN
SCHLOSS
MAIN
220M 440M 660M
ANSCHLUSS
AN TOUR NR.7
RUMPENHEIM
(OFFENBACH)
MÜHLHEIM
AM MAIN
N
S
BÜRGELER STR.
1 AM KREUZSTEIN
2 GUTENBERGSTR.
3 SENEFELDERSTR.
4 BRUNO-DRESSLER-STR.
43

TOUR NR. 6

OFFENBACH-RUMPENHEIM NACH FRANKFURT-FECHENHEIM

9 KM / EINSTEIGER-GEEIGNET

LAGE:
Im Maintal an der Stadtgrenze Frankfurt/Offenbach

STARTPUNKT:
P+R-Platz am Bahnhof Maintal-West

ANFAHRT:
Pkw: BAB 66, Ausfahrt Maintal/Bischofsheim. Weiter der Ausschilderung Richtung Gewerbegebiet West folgen. Am Bahnhof Maintal-West gibt es einen P+R-Platz für Pkw.
ÖPNV: Mit der Bahnlinie 55/90 bis Maintal-West

STRECKENCHARAKTER:
90 % Asphalt, 7 % Verbundsteinpflaster, 100 m Kopfsteinpflaster, 300 m unbefestigt. Strecke mit häufigen, leichten Steigungen und Gefällen. Rundkurs überwiegend auf Fuß- und Radwegen.

SPECIALS:
Eine Gastro. Schloss und Schlosspark.

TIPP:
Hinweis für Wasserscheue: Ihr müsst mit der Fähre über den Main! Diese Route könnt Ihr übrigens mit Tour Nr. 7 verbinden; die gesamte Strecke hat dann stattliche 21 Kilometer. Bei der Kombi-Tour könnt Ihr auf das Übersetzen mit dem Schiff verzichten.

BESCHREIBUNG:
Orientiert Euch zunächst Richtung Bahnhof. Vom Parkplatz aus auf dem gepflasterten Bürgersteig der linken Straßenseite nach links. Noch 100 m und nun an der T-Kreuzung nach links; es geht durch eine Rechtskurve. Ihr fahrt unter einer Brücke durch (der Bahnhof liegt anschließend links). Überquert hinter der Brücke die Straße nach rechts und rollt weiter auf dem hier beginnenden Fußweg mit Geländer. Es geht über eine Steigung hinauf zur Hauptstraße. Oben dann nach rechts, über eine Brücke (Radweg) und ein Gefälle hinunter. Weiter entlang der Straße „Am Kreuzstein". Kurz vor km 1 gelangt Ihr an eine Kreuzung. Eine Ampel hilft beim Überqueren der Frankfurter Landstraße. (Achtung: Die Wegstrecke bis hierher ist identisch mit dem Start der Tour Nr. 7.) Skatet nun nach rechts, weiter auf dem Fuß- und Radweg. Kurz vor km 3,5 steigt der Weg zunächst leicht an und gabelt sich dann: Rollt nach links, über ein leichtes Gefälle und zwischen Absperrpfosten durch zum Main hinunter. Ein Parkplatz am Weg, dann ein kleiner Hafen mit einem kurzen Stück Kopfsteinpflaster.

Bei km 4 - nach einer kurzen leichten Steigung - wird es mühsam: Entweder Ihr nehmt links herum etwa 200 m weit feinen, festen Schotter unter die Rollen, oder Ihr müsst dieses Wegstück rechts umgehen (Gleise überqueren, links halten, Gleise erneut überqueren). Durchhalten ... Anschließend erreicht Ihr eine Fußgängerbrücke, die Euch (Steigung/Gefälle) über den Main bringt. Folgt der Ausschilderung zum Mainuferweg nach links (Absperrpfosten). An der folgenden T-Kreuzung geht es nach rechts Richtung Rumpenheim. Ihr macht Euch am Main entlang auf den Rückweg. Nach einer Rechtskurve bei km 6 links halten am Wasser lang. Hinter den Absperrpfosten bei km 7 am Abzweig nach links orientieren (Rumpenheim ist ausgeschildert). Am Ende einer Kleingartenanlage, die rechter Hand liegt, folgt Ihr dem „R3" nach links (Absperrpfosten) und fahrt unten angekommen durch eine Rechtskurve parallel zum Main weiter. 400 m danach erreicht Ihr eine Gabelung: Links halten Richtung Parkplatz/Fähranlegestelle. Die Fähre bringt Euch für 50 Pfennig pro Nase auf das andere Main-Ufer. Wer mag, kann vor der Überfahrt in einer Gaststätte Station machen. Wenn Ihr vom Schiff runter rollt, haltet Euch geradeaus. Ihr erreicht dann umgehend die Ampel-Kreuzung an der Frankfurter Landstraße.

Auf die andere Straßenseite wechseln und auf bekanntem Weg zum Bahnhof zurück skaten.

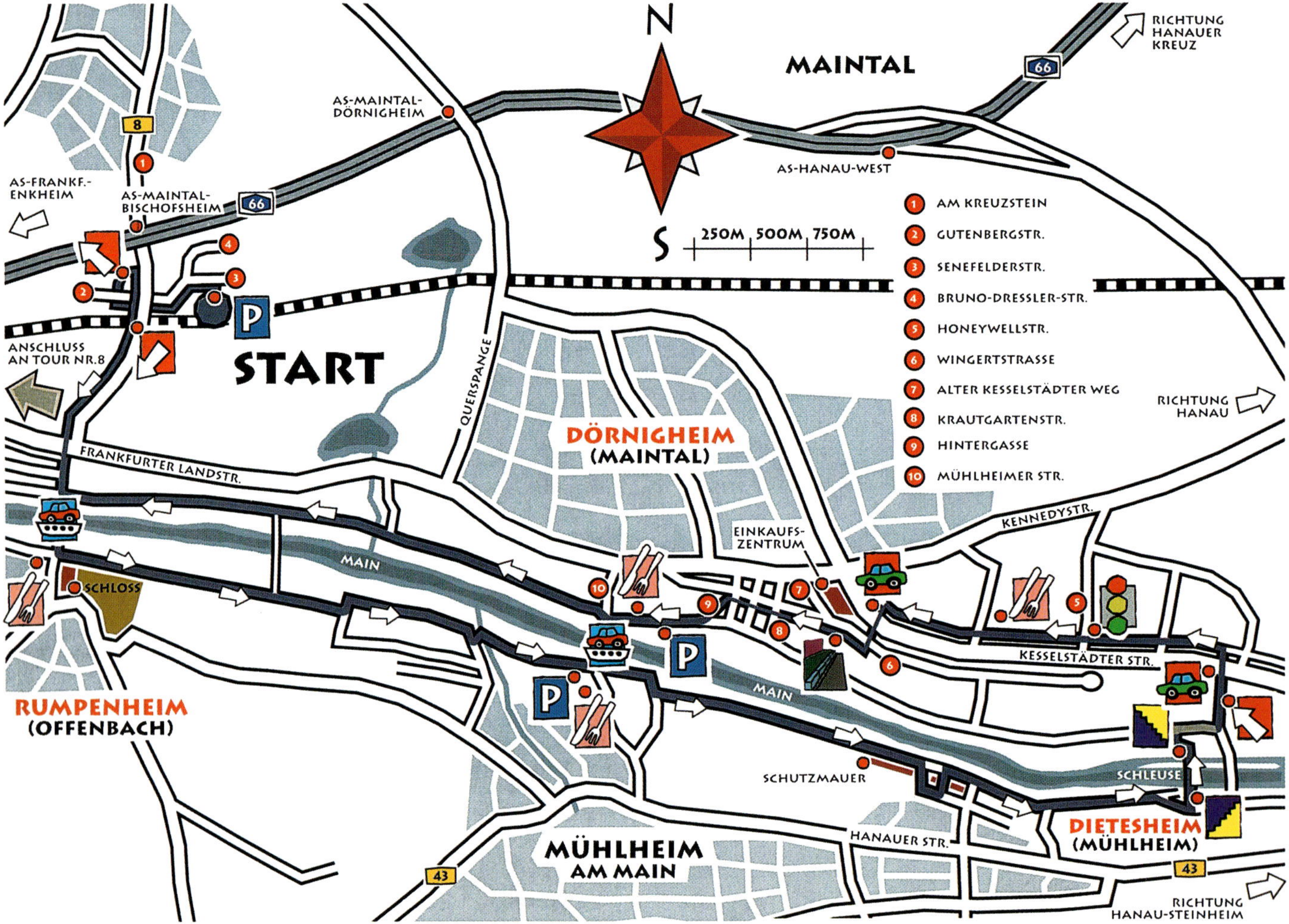
MAINTAL
N
S
250M 500M 750M
RICHTUNG HANAUER KREUZ
66
AS-MAINTAL-DÖRNIGHEIM
AS-HANAU-WEST
8
AS-FRANKF.-ENKHEIM
AS-MAINTAL-BISCHOFSHEIM
66
1 AM KREUZSTEIN
2 GUTENBERGSTR.
3 SENEFELDERSTR.
4 BRUNO-DRESSLER-STR.
5 HONEYWELLSTR.
6 WINGERTSTRASSE
7 ALTER KESSELSTÄDTER WEG
8 KRAUTGARTENSTR.
9 HINTERGASSE
10 MÜHLHEIMER STR.
P
ANSCHLUSS AN TOUR NR.8
START
QUERSPANGE
RICHTUNG HANAU
DÖRNIGHEIM (MAINTAL)
FRANKFURTER LANDSTR.
KENNEDYSTR.
EINKAUFS-ZENTRUM
MAIN
SCHLOSS
KESSELSTÄDTER STR.
RUMPENHEIM (OFFENBACH)
MAIN
SCHUTZMAUER
SCHLEUSE
HANAUER STR.
DIETESHEIM (MÜHLHEIM)
MÜHLHEIM AM MAIN
43
43
RICHTUNG HANAU-STEINHEIM

TOUR NR. 7

RUMPENHEIM UND MÜHLHEIM AM MAIN

13 KM / EINSTEIGER-GEEIGNET

LAGE:
Im Maintal, Grenze Frankfurt/Offenbach

STARTPUNKT:
P+R-Platz am Bahnhof Maintal-West

ANFAHRT:
Pkw: BAB 66, Ausfahrt Maintal/Bischofsheim. Weiter der Ausschilderung Gewerbegebiet West folgen. P+R-Platz für Pkw am Bahnhof Maintal-West.
ÖPNV: Bahnlinie 55/90 bis Maintal-West

STRECKENCHARAKTER:
80 % Asphalt, 15 % Verbundsteinpflaster. 100 m unbefestigt, ein Streifen Kopfsteinpflaster, Treppen bei Brückenüberquerung (Gitterboden). Strecke mit seltenen, leichten Steigungen und Gefällen. Rundkurs überwiegend auf Rad- und Fußwegen, 1 km Straße.

SPECIALS:
Mehrere Gaststätten am Weg. Schloss und Schlosspark.

TIPP:
Gleich zu Beginn der Tour müsst Ihr mit der Fähre ans andere Mainufer übersetzen. Ihr könnt diese Tour bei entsprechender Kondition mit Tour Nr. 6 kombinieren.

BESCHREIBUNG:
Achtung: Folgt bitte ausnahmsweise auf den ersten Metern der Beschreibung von Tour Nr. 6. Erst nach Überqueren der Frankfurter Landstraße geht es dann wie hier beschrieben weiter:

Folgt geradeaus der Ausschilderung des Radwegs Richtung Rumpenheim bis zu ihrem Ende bei der Fähranlegestelle am Main. Übersetzen (50 Pfennig pro Person). Am anderen Mainufer skatet Ihr nach links auf den R4 Richtung Mühlheim.
An der T-Kreuzung vor km 2,3 links ab, anschließend durch eine Rechtskurve und weiter am Main entlang (Richtung Mühlheim). Bei km 3 nehmt Ihr in einer Rechtskurve den Weg, der nach links abzweigt. Ihr rollt über eine kleine Brücke. Die Schilder nach Steinheim weisen Euch vorerst den Weg. Bei einem Kanu-Club und einem Ruderverein skatet Ihr über einen Parkplatz, lasst dann die Fähre nach Dörnigheim links und eine Gastro rechts liegen. Folgt dem Fuß- und Radweg durch eine Rechts-links-Kombination bis zur Gabelung hinter km 5: Rollt hier rechts Richtung Ortsmitte Dietesheim und auf der anderen Seite der Hochwasserschutzmauer nach links, zwischen Sperrpfosten durch. Kurz darauf wieder links und über den asphaltierten Weg hinunter zum Main. Unten angekommen rechts abbiegen (Richtung Steinheim). Skater über ein Pflasterstück und biegt dann - vor einer Schranke - nach rechts ab. 100 m weiter müsst Ihr über Treppen auf den Steg nach Dörnigheim und über ein engmaschiges Bodengitter (gut zu befahren) auf die andere Mainseite. Über eine zweite Treppe gelangt Ihr dort auf einen gepflasterten Weg an der Wehranlage entlang. Auf den nächsten 100 m: Stufen und ein unbefestigtes Wegstück nach rechts. Geschafft!

Jetzt nach links skaten, auf die sehr gut asphaltierte Straße, die Euch mit einer leichten Steigung an eine Hauptstraße bringt.
Leider gibt es keine Ampel, dennoch müsst Ihr die Straße überqueren. Rollt dann nach links weiter auf dem Fuß- und Radweg. Etwas voraus beginnt ein Grünstreifen, dann kreuzt die Zufahrtsstraße zum Gewerbegebiet Euren Weg. An einer Ampel überquert Ihr die Honeywellstraße. 400 m darauf liegt eine Hamburger-Station rechter Hand. 500 m später überquert Ihr die Hauptstraße (Vorsicht Verkehr) noch einmal und zwar noch vor dem Einkaufszentrum. Skatet gleich gegenüber in die Straße und folgt dort dem Verlauf der abknickenden Vorfahrt nach rechts. Vorschlag: Fahrt auf dem gepflasterten Bürgersteig an der linken Straßenseite. Jetzt heißt es alle 100 m aufgepasst: Am Abzweig bei km 8,5 geradeaus weiter. Durch eine Absperrung und am „Alten Kesselstädter Weg“ vorbei. Die nächste Seitenstraße ignorieren. An der Kreuzung Krautgartenstraße und zwei weiteren Kreuzungen geradeaus rollen. Dann nach links in die Einbahnstraße (Hintergasse), die zur Sackgasse wird.

Am Ende der Hintergasse geht es über Kopfsteinpflaster und zwischen Sperrpfosten durch, dann nach links über ein leichtes Gefälle zum Main hinunter. Nehmt dann gleich rechts die asphaltierte Straße am Parkplatz entlang. Rechts von Euch lädt eine Gaststätte zur Rast ein. An der nächsten Kreuzung geradeaus die Mühlheimer Straße überqueren (links liegt eine Fähre) und der Ausschilderung Bischofsheim folgen. Nach 1.000 m rollt Ihr über eine kleine Brücke und später an einem Behelfsübergang am Main (linker Hand) vorbei. Wenn sich bei km 12 eine Straße quer stellt, skatet Ihr nach rechts und erreicht kurz darauf wieder die Frankfurter Landstraße - Rest der Tour siehe Start.

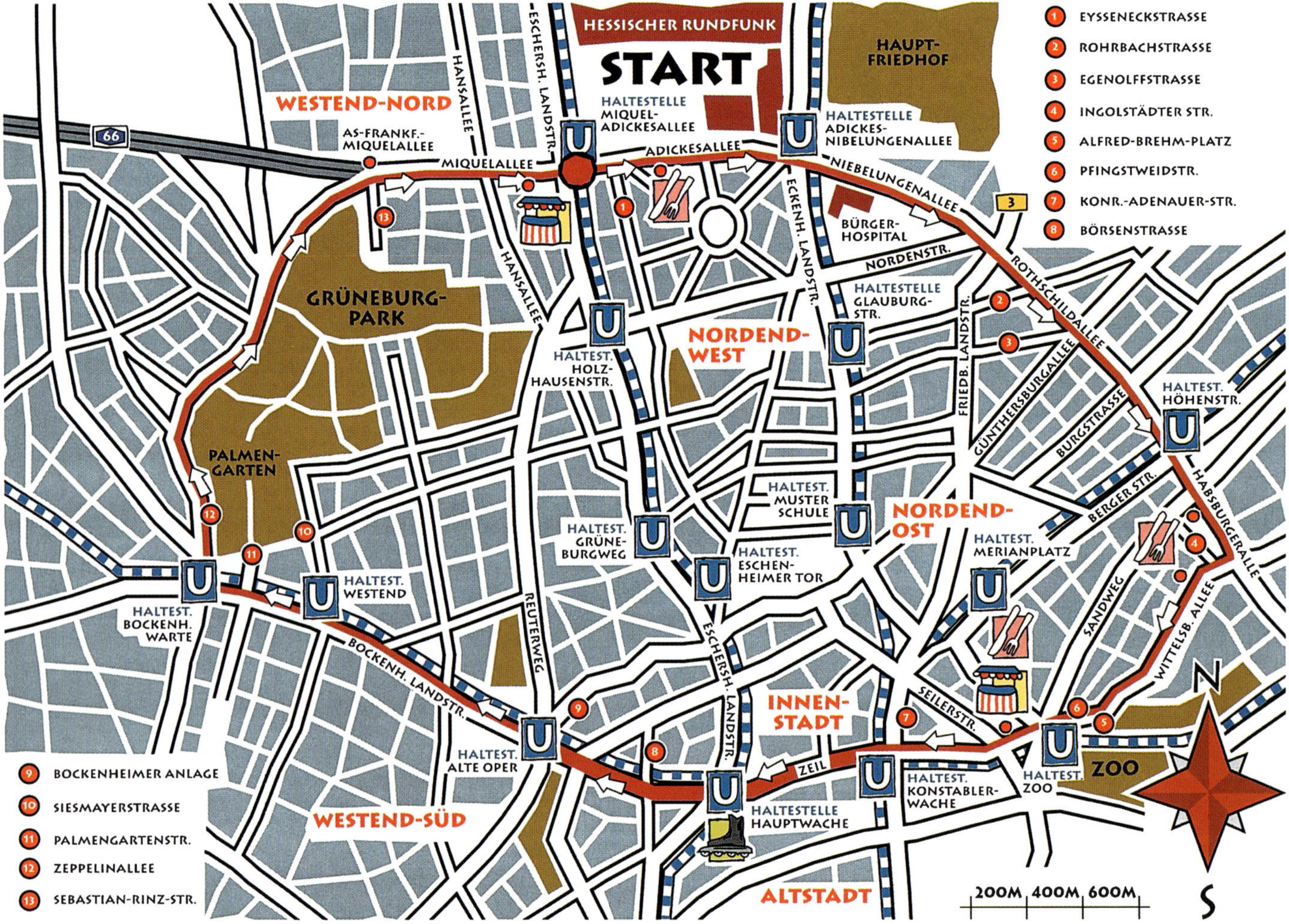
HESSISCHER RUNDFUNK
START
HALTESTELLE MIQUEL-ADICKESALLEE
HALTESTELLE ADICKES-NIBELUNGENALLEE
HAUPT-FRIEDHOF
WESTEND-NORD
AS-FRANKF.-MIQUELALLEE
66
MIQUELALLEE
ADICKESALLEE
NIEBELUNGENALLEE
BÜRGER-HOSPITAL
NORDENSTR.
ROTHSCHILDALLEE
HANSALLEE
ESCHERSH. LANDSTR.
ECKENH. LANDSTR.
GRÜNEBURG-PARK
PALMEN-GARTEN
NORDEND-WEST
HALTEST. HOLZ-HAUSENSTR.
HALTESTELLE GLAUBURG-STR.
FRIEDB. LANDSTR.
GÜNTHERSBURGALLEE
BURGSTRASSE
HALTEST. HÖHENSTR.
BERGER STR.
HABSBURGERALLEE
HALTEST. MUSTER SCHULE
NORDEND-OST
HALTEST. MERIANPLATZ
HALTEST. GRÜNE-BURGWEG
HALTEST. ESCHEN-HEIMER TOR
HALTEST. BOCKENH. WARTE
HALTEST. WESTEND
BOCKENH. LANDSTR.
REUTERWEG
SANDWEG
WITTELSB. ALLEE
SEILERSTR.
INNEN-STADT
HALTEST. ALTE OPER
ZEIL
HALTESTELLE HAUPTWACHE
HALTEST. KONSTABLER-WACHE
HALTEST. ZOO
ZOO
WESTEND-SÜD
ALTSTADT
200M 400M 600M
N
S
1 EYSSENECKSTRASSE
2 ROHRBACHSTRASSE
3 EGENOLFFSTRASSE
4 INGOLSTÄDTER STR.
5 ALFRED-BREHM-PLATZ
6 PFINGSTWEIDSTR.
7 KONR.-ADENAUER-STR.
8 BÖRSENSTRASSE
9 BOCKENHEIMER ANLAGE
10 SIESMAYERSTRASSE
11 PALMENGARTENSTR.
12 ZEPPELINALLEE
13 SEBASTIAN-RINZ-STR.

TOUR NR. 8

INNENSTADT FRANKFURT

10 KM / FÜR FORTGESCHRITTENE

LAGE:

Mitten in der City, zwischen Bockenheim, Bornheim und dem Main

STARTPUNKT:

U-Bahn-Haltestelle Miquel-/Adickesallee

ANFAHRT:

ÖPNV (simpel): Mit den Linien U1/U2/U3 bis Haltestelle Miquel-/Adickesallee.
Parken (schwierig): BAB 66, Anschlussstelle Frankfurt-Miquelallee. Bleibt geradeaus Richtung Miquelallee/Adickesallee. Diverse (kostenpflichtige) Parkhäuser in der Nähe des Startpunktes (Kreuzung mit Eschenheimer Landstraße).

STRECKENCHARAKTER:

20 % Asphalt, 79 % Verbundsteinpflaster, 300 m Kopfsteinpflaster. Strecke mit seltenen, leichten Steigungen und Gefällen. Rundkurs.

SPECIALS:

Skater-Treffpunkt Hauptwache, Abstecher Zoo oder Palmengarten, diverse Gastros.

TIPP:

Typische City-Tour mit Anschluss an die Einkaufs-Zeile. Man sieht ein bisschen was von Frankfurt und trifft an der Hauptwache Gleichgesinnte.

BESCHREIBUNG:

Direkt am Startpunkt befindet sich eine Bank (keine zum Sitzen, sondern eine zum Geld wechseln); wenn Ihr davor steht, führt der Einstieg in die Tour nach links: Ihr skatet auf dem Radweg direkt neben dem Bürgersteig an der Adickesallee entlang Richtung Osten (auf Asphalt). Die Eysseneckstraße kreuzt Euren Weg. Geradeaus über diese und einige weitere Seitenstraßen, vorbei an einem vegetarischen Restaurant. Nach den ersten 700 m müsst Ihr eine große Kreuzung (Eckenheimer Landstraße) überqueren: Fahrt an der Ampel geradeaus weiter.
Hinter der nächsten Seitenstraße (Händelstraße) liegt das Bürgerhospital am Weg. Mehrere kleine Straßen von rechts, dann an einer Ampel geradeaus über die Friedberger Landstraße. Etwa 200 m weiter überquert Ihr (Ampel) die Kreuzung Rothschildallee/Rohrbachstraße. Die nächste Straße, die von rechts kommt, heißt Eggenolfstraße. Nach etwa 2 km verläuft der Radweg ein kleines Stück direkt neben der Straße (Rothschildallee), kehrt dann aber zum Bürgersteig zurück. Achtung Ampel - von rechts kommt die Burgstraße. Bei km 2,5 - in Höhe des „Sandwegs“ wechselt der Belag zu Verbundsteinpflaster (Café am Eck). Skatet nun etwa 300 m bis zur Wittelsbacher Allee: Die Tour führt Euch hier rechts ab in Richtung Zoo/Stadtmitte. Wenn Ihr auf der richtigen Spur seid, gibt es etwa nach 100 m eine Seitenstraße namens Ingolstädter Straße. Fahrt bis zum Ende des Radweges. Weiter geht es auf dem Bürgersteig (vorbei an einer Pizzeria). Nach etwa 300 m habt Ihr erneut Anschluss an einen Radweg.

Wer mag, kann jetzt einen Abstecher in den Zoologischen Garten machen. Die Hauptroute führt in Höhe des Alfred Brehm Platzes Richtung Konstablerwache/Alte Oper: Rollt dazu in die Pfingstweidstraße und orientiert Euch am Ende nach links. Nach weiteren 500 m - u.a. vorbei an einem Eiscafé und einem Kiosk - geht es zunächst geradeaus über eine Ampel (Seitenstraße9. Wenn dann der Fuß- und Radweg enger wird, erreicht Ihr die Zeil. Wieder einmal müsst Ihr über einige kleine Seitenstraßen, dann rollt Ihr an einer Ampel über die Konrad Adenauer Straße und direkt in die Fußgängerzone. Für alle, die bummeln, shoppen, Menschen und Schaufenster gucken wollen ...
Etwa 700 m sind es bis zur Eschersheimer Landstraße: Wenn Ihr diese an der Ampel überquert, habt Ihr „den“ innerstädtischen Skatertreffpunkt Frankfurts vor Euch. An der Hauptwache trifft sich alles, was auf Fitness, Fun und Inline-Skates steht.
Verlasst Ihr den Szenetreff, erreicht Ihr nach etwa 300 m die Börsenstraße (drüber) und habt nun ein kurzes Stück (300 m) Kopfsteinpflaster unter den Rollen. Wenn Ihr die Alte Oper erreicht, ist der Belag wieder o.k. Skatet geradeaus über den Platz, nutzt die Ampel, um die Bockenheimer Anlage zu überqueren. Anschließend sind Fuß- und Radweg - an der Bockenheimer Landstraße entlang - wieder getrennt. Alle paar hundert Meter gibt es eine Seitenstraße, bleibt stets geradeaus bis zur Siesmayerstraße. Wer einen Abstecher zum Palmengarten machen möchte, muss hier nach rechts die Hauptstrecke verlassen.

Die Hauptroute führt geradeaus weiter, bringt Euch über die von rechts kommende Palmgartenstraße an die Kreuzung Bockenheimer Landstraße/Zeppelinallee: Weiter geht es hier rechts auf dem Radweg am Palmengarten entlang. Kurz vor km 9 kommt von rechts die Sebastian Rinz Straße (drüber) und etwa 400 m weiter müsst Ihr über einige Bodenwellen rollen. An der Kreuzung Hansaallee/Miquelallee noch einmal geradeaus über die Ampel, vorbei an einer Trinkhalle und schon kommt der Ausgangspunkt der Tour wieder in Sicht.

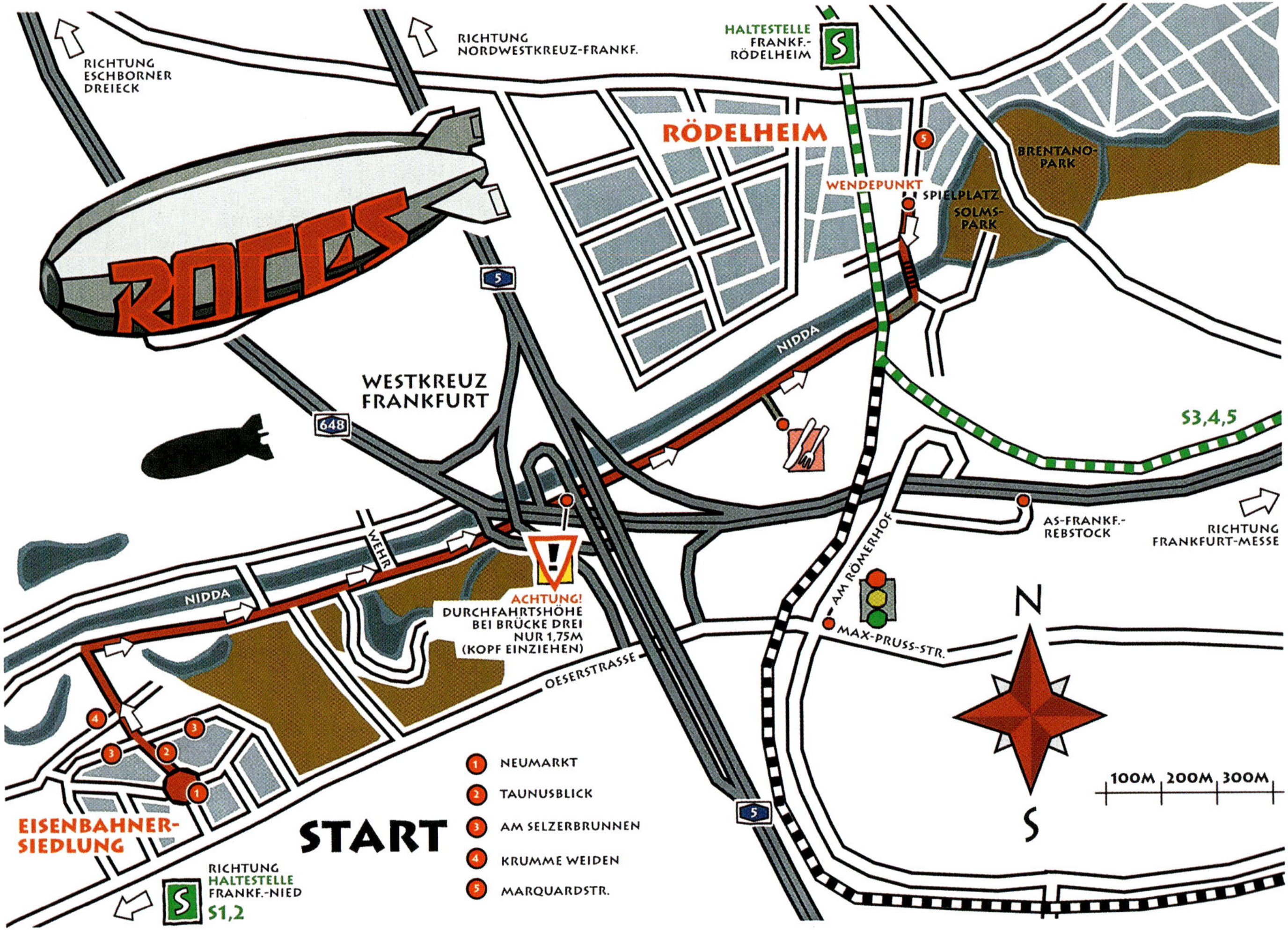
RICHTUNG ESCHBORNER DREIECK
RICHTUNG NORDWESTKREUZ-FRANKF.
HALTESTELLE FRANKF.-RÖDELHEIM
S
RÖDELHEIM
5
BRENTANO-PARK
WENDEPUNKT
SPIELPLATZ
SOLMS-PARK
5
NIDDA
WESTKREUZ FRANKFURT
648
S3,4,5
AS-FRANKF.-REBSTOCK
RICHTUNG FRANKFURT-MESSE
WEHR
NIDDA
ACHTUNG!
DURCHFAHRTSHÖHE BEI BRÜCKE DREI NUR 1,75M (KOPF EINZIEHEN)
AM RÖMERHOF
MAX-PRUSS-STR.
N
OESERSTRASSE
100M 200M 300M
S
5
EISENBAHNER-SIEDLUNG
START
1 NEUMARKT
2 TAUNUSBLICK
3 AM SELZERBRUNNEN
4 KRUMME WEIDEN
5 MARQUARDSTR.
RICHTUNG HALTESTELLE FRANKF.-NIED
S
S1,2

TOUR NR. 9

VON NIED NACH RÖDELHEIM

6 KM / FÜR FORTGESCHRITTENE

LAGE:

Auf der Höhe vom Westkreuz-Frankfurt, an der Nidda

STARTPUNKT:

Am Neumarkt

ANFAHRT:

Parken: BAB 5, am Frankfurter-Westkreuz Richtung Messe, dann Ausfahrt Rebstock. Fahrt die erste Straße rechts bis zum Ende, dann links abbiegen bis zur Ampel. Hier rechts in die Oeserstraße. Nach dem Niederwald nehmt Ihr die dritte Straße, die nach rechts abzweigt (Neumarkt). Parken „Am Neumarkt“.
ÖPNV: Von Frankfurt Hauptbahnhof mit der S1 (Wiesbaden Hbf) oder der S2 (Niedernhausen) bis Nied. Dann zur Oeserstraße und auf dieser (nach rechts) etwa 1 km Richtung Nordost. Der Neumarkt liegt ein Stück hinter Fernmeldeamt und Kirche auf der linken Straßenseite.

STRECKENCHARAKTER:

98 % Asphalt, davon ein Drittel rauh. Rest Schotter und Holzbelag. Durchgängig ebene Hin- und Retour-Strecke.

SPECIALS:

Kinderspielplatz, Ausblick auf das Wehr, Gastro am Weg.

TIPP:

Strecke am Fluss entlang mit Blick auf Felder, Weiher und Kleingärten am anderen Ufer. An Wochentagen nur wenige Radler und Fußgänger. Gute Skater, die nicht unbedingt Kilometer machen müssen, sind hier ebenso richtig wie skateerprobte Familien. Aber Vorsicht: Der rauhe Asphalt und das Schotterstück kurz vorm Wendepunkt haben es in sich.

BESCHREIBUNG:

Vom Startpunkt im Wohngebiet aus geht es zunächst entlang der Straße „Taunusblick“ Richtung Nidda. Das Flüsschen liegt in nördlicher Richtung. Etwa 100 m hinter dem Neumarkt skatet Ihr geradeaus (Grüne Weide) - nach links zweigt hier die Straße „Krumme Weiden“ ab. An der T-Kreuzung, die nach etwa 200 m folgt, rollt Ihr nach rechts. Auf Asphalt geht es an der Nidda entlang. Nach etwa 100 m wird der Belag rauher. Rechter Hand liegen nacheinander zwei Wasserflächen. Und kurz vor km 1 liegt linker Hand eine Brücke über die Nidda, an der Ihr aber geradeaus vorbei fahrt. Rechts folgt ein weiterer, etwas größerer Weiher. Links gibt es anschließend Sehenswertes: Ein Wehr mit Brücke (und Notrufsäule). Etwa 300 m geraeaus, über deutlich besseren Asphalt, dann skatet Ihr am nächsten Teich vorbei. Haltet Euch an der Weggabelung geradeaus.

Auf den folgenden 300 m rollt Ihr unter insgesamt fünf Brücken durch. Brücke Nr. 3 ist mit Vorsicht zu genießen. Eine Durchfahrtshöhe von 1,75 m ist nichts für großgewachsene Menschen und schon gar nichts für großgewachsene Menschen auf Skates. Also rechtzeitig abtauchen, Kopf einziehen und sich vom düsteren Eingang nicht verschrecken lassen. Es gibt Licht am Ende des Tunnels - versprochen! 100 m hinter der Brückenserie kommt Ihr an eine Weggabelung; geradeaus weiterfahren. Nach etwa 400 m solltet Ihr dann an einer Gaststätte vorbei rollen. Der Weg zum Gasthof ist geschottert. Die Strecke führt weiter bis zur nächsten Brücke: Rollt drunter durch, dem Notrufschild folgend.

Achtung: Die Asphalt-Piste wird im Folgenden durch ein 40 m langes Schotterstück unterbrochen. Es gibt keine Ausweichmöglichkeit ... Abschließend skatet Ihr nach links über die Brücke mit Holzbelag, dahinter gleich rechts: Bei km 3 erreicht Ihr einen Kinderspielplatz und damit auch den Wendepunkt! Retour auf gleichem Weg.

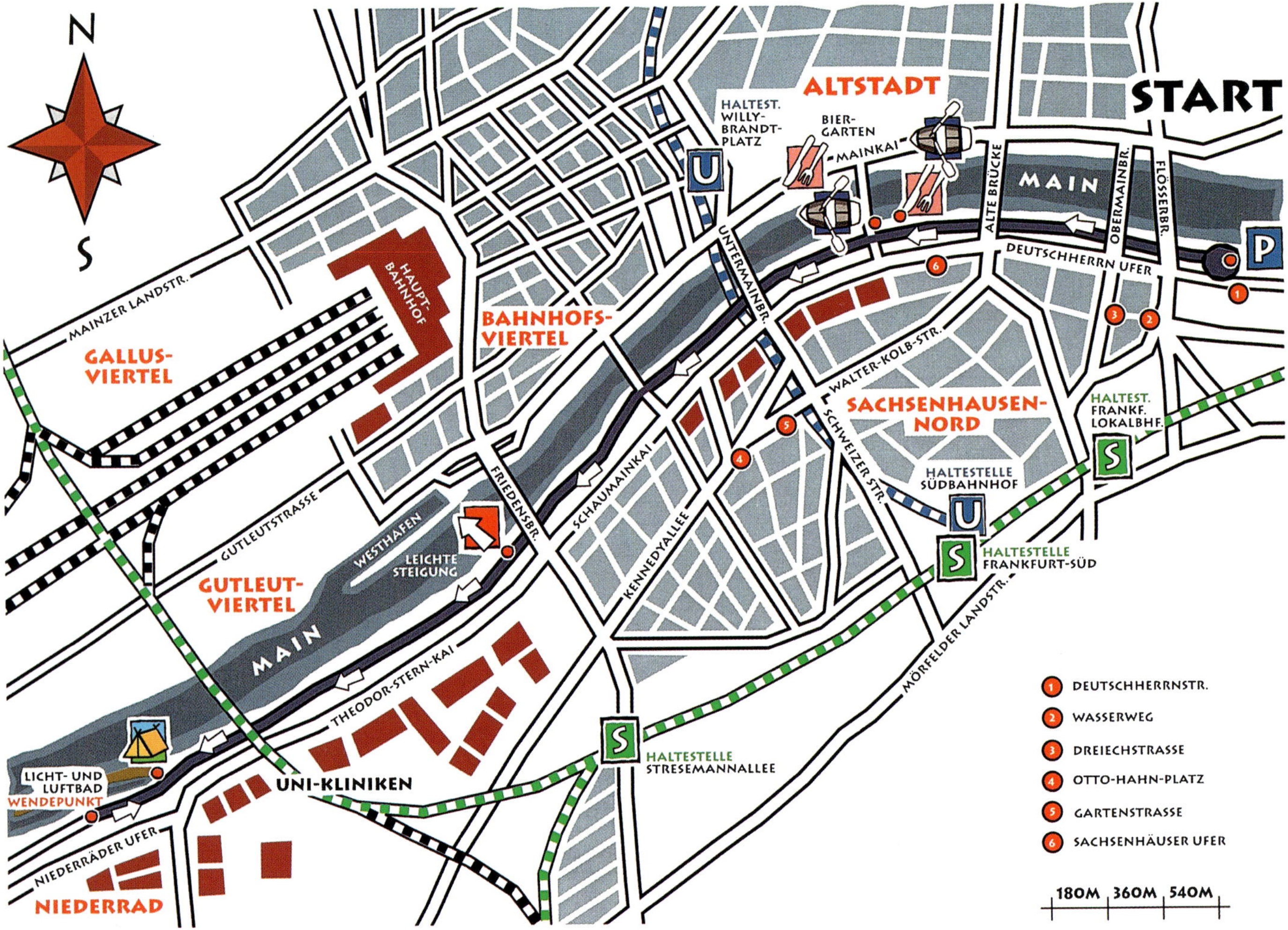

N
S
START
ALTSTADT
HALTEST. WILLY-BRANDT-PLATZ
BIER-GARTEN
MAINKAI
MAIN
ALTE BRÜCKE
OBERMAINBR.
FLÖSSERBR.
DEUTSCHHERRN UFER
P
UNTERMAINBR.
HAUPT-BAHNHOF
BAHNHOFS-VIERTEL
MAINZER LANDSTR.
GALLUS-VIERTEL
WALTER-KOLB-STR.
SACHSENHAUSEN-NORD
HALTEST. FRANKF. LOKALBHF.
SCHWEIZER STR.
HALTESTELLE SÜDBAHNHOF
HALTESTELLE FRANKFURT-SÜD
GUTLEUTSTRASSE
WESTHAFEN
LEICHTE STEIGUNG
FRIEDENSBR.
SCHAUMAINKAI
KENNEDYALLEE
GUTLEUT-VIERTEL
MÖRFELDER LANDSTR.
THEODOR-STERN-KAI
HALTESTELLE STRESEMANNALLEE
LICHT- UND LUFTBAD
WENDEPUNKT
UNI-KLINIKEN
NIEDERRÄDER UFER
NIEDERRAD
1 DEUTSCHHERRNSTR.
2 WASSERWEG
3 DREIECHSTRASSE
4 OTTO-HAHN-PLATZ
5 GARTENSTRASSE
6 SACHSENHÄUSER UFER
180M 360M 540M

TOUR NR. 10

MUSEUMSUFER

8 KM / EINSTEIGER-GEEIGNET

LAGE:

Am südlichen Mainufer zwischen Sachsenhausen und Niederrath.

STARTPUNKT:

Gebührenfreier Parkplatz am Deutschherrnufer, östlich der Flösserbrücke

ANFAHRT:

Parken: BAB 5, am Frankfurter Westkreuz in Richtung Messe abfahren. An der Messe vorbei, weiter am Hauptbahnhof vorbei. Richtung Sachsenhausen über die Friedensbrücke: Links in die Kennedyallee. Geradeaus über den Otto-Hahn-Platz in die Gartenstraße, später Walter-Kolb-Straße. Dann dem Deutschherrnufer nach rechts folgen und am Ende links hinunter zum Parkplatz am Main.
ÖPNV: Es gibt diverse S- und U-Bahn-Stationen, von denen aus Ihr zur Strecke gelangen könnt. Bitte die kürzeste Verbindung selbst auswählen.

STRECKENCHARAKTER:

85 % Asphalt, 15 % Verbundsteinpflaster. Strecke mit seltenen, leichten Steigungen und Gefällen auf Fuß- und Radwegen. Hin- und Retour-Strecke.

SPECIALS:

Luft- und Lichtbad Niederrad, Bootsverleih, Gastro am Weg.

TIPP:

Ruhige Tour am Main entlang, mit Aussicht auf die Skyline von Frankfurt. Viele Plätze, die zur Rast im Grünen einladen.

BESCHREIBUNG:

Vom oben beschriebenen gebührenfreien Parkplatz aus rollt Ihr zunächst über den angrenzenden gebührenpflichtigen Parkplatz. Grobe Richtung: Zurück gen Westen. Nach etwa 300 m solltet Ihr dann auf den asphaltierten Rad- und Fußweg stoßen, auf dem es weiter geht.

Nächste Wegmarke ist die „Alte Brücke“, über den Main, ihr rollt darunter durch.

Vor und hinter der Brücke werden Enten gefüttert. Bei Streckenkilometer 1 könnt Ihr entweder eine Rast in der Gaststätte am Weg einschieben, oder am Bootsverleih von den Rollen aufs Schiffchen umsteigen.

Wer die erste Möglichkeit verpasst: Nur 100 m weiter wartet der nächste Bootsverleih und einen weiteren Biergarten haben wir auch noch anzubieten.

Die Hauptstrecke führt am Mainufer entlang und bei km 1,5 unter der nächsten Brücke (Untermainbrücke) durch. 600 m weiter lasst Ihr den abzweigenden Kopfsteinpflasterweg links liegen und visiert die Friedensbrücke an. Etwa bei km 2,5 rollt Ihr drunter durch und müsst anschließend eine leichte Steigung überwinden.

Ihr skatet nun oberhalb des Mains und solltet mit einigen unebenen Stellen im Asphalt rechnen.

Der Belag wird aber rasch wieder besser. Links und rechts begleiten dann Bäume Euren Weg. Zu manchen Jahreszeiten ist es hier ein bisschen duster - Vorbereitung auf die ziemlich finstere Brückenunterquerung hinter km 3,5.

Weiter geht es anschließend auf Verbundsteinpflaster. Erst einmal rollt Ihr an einem Campingplatz vorbei und zu guter Letzt kommt das Licht- und Luftbad Niederrad in Sicht. Hier setzen wir den Wendepunkt.

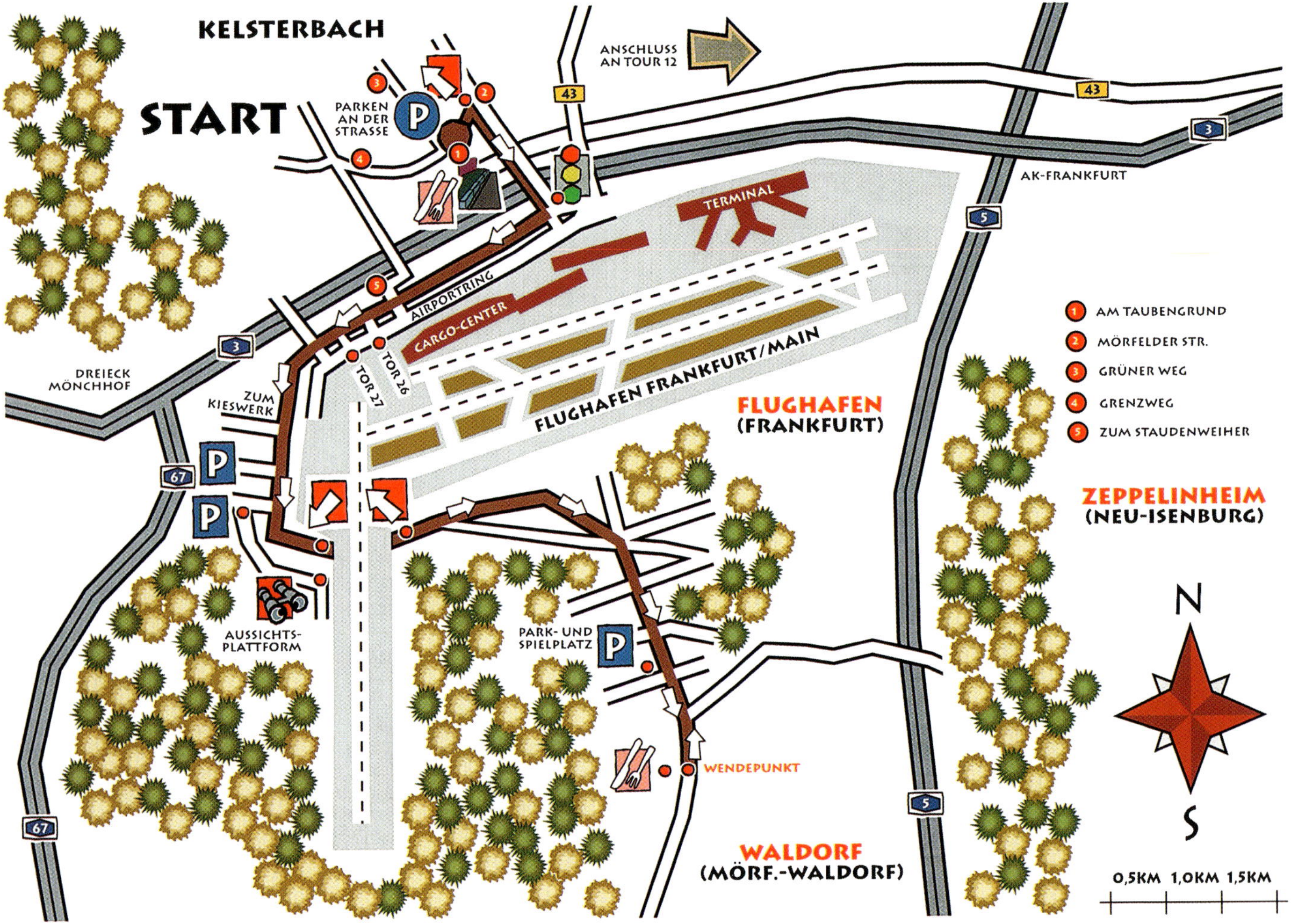
KELSTERBACH
START
PARKEN AN DER STRASSE
ANSCHLUSS AN TOUR 12
43
3
AK-FRANKFURT
5
TERMINAL
AIRPORTRING
CARGO-CENTER
TOR 27
TOR 26
FLUGHAFEN FRANKFURT/MAIN
DREIECK MÖNCHHOF
ZUM KIESWERK
67
FLUGHAFEN
(FRANKFURT)
1 AM TAUBENGRUND
2 MÖRFELDER STR.
3 GRÜNER WEG
4 GRENZWEG
5 ZUM STAUDENWEIHER
ZEPPELINHEIM
(NEU-ISENBURG)
AUSSICHTS-PLATTFORM
PARK- UND SPIELPLATZ
WENDEPUNKT
N
S
WALDORF
(MÖRF.-WALDORF)
0,5KM 1,0KM 1,5KM

TOUR NR. 11

FRANKFURT-FLUGHAFEN

19 KM / EINGESCHRÄNKT EINSTEIGER-GEEIGNET

LAGE:
Im Südwesten von Frankfurt

STARTPUNKT:
Ampel am Airportring

ANFAHRT:
Pkw: BAB 5 Richtung Flughafen. Den Schildern Richtung Kelsterbach folgen. An der Ampel am Ortseingang nach links in Richtung „Kelsterbach Gewerbegebiet", nächste Ampel wieder links auf die Mörfelder Straße (Richtung Flughafen). Am Autohaus nach rechts in die Straße „Im Taubengrund" und seitlich parken.

SPECIALS:
Ausblick auf die Startbahn West. Gastro am Start und Wendepunkt.

STRECKENCHARAKTER:
97 % Asphalt, 3 % Verbundsteinpflaster, Piste mit seltenen, leichten Steigungen und Gefällen. Hin- und Retour-Strecke.

TIPP:
Gute Adresse für konditionsstarke Skater oder solche, die es werden wollen. Die Super-Strecke auf Sahne-Asphalt entschädigt für jeden Kraftakt. Vom gleichen Startpunkt aus könnt Ihr auch die Tour Nr. 12 in Angriff nehmen.

BESCHREIBUNG:
Beginnt die Tour mit einer kurzen Fahrt über den Bürgersteig der Straße „Im Taubengrund" - und zwar in Richtung Flughafen. Vorbei an Restaurant und Grill, dann skatet Ihr an der Kreuzung nach rechts bergauf und rollt über eine Brücke. An der folgenden Ampel (Startpunkt) rechts abbiegen. Geradeaus über die nächste Kreuzung; links geht es zum Cargo Center.

Bei km 1 kreuzt die Straße „Zum Staudenweiher" Euren Weg. Haltet Euch stets geradeaus. Vorbei an einer Ampel mit Abzweig zum Tor 26, über eine leichte Steigung in Höhe des Abzweigs zum Tor 27, nach einer Kreuzung leicht bergab und vorbei am Weg nach rechts zum Kieswerk.

Beim km 3,5 und bei km 4 skatet Ihr jeweils über einen Parkplatz: Zum zweiten Parkplatz aus führt ein etwa 150 m langer Schotterweg zu einer Aussichtsplattform direkt an der Startbahn West. Trotz des Belags lohnt sich ein Abstecher!

Die Hauptstrecke führt hinter dem zweiten Parkplatz bergab und unter der Startbahn durch. Es folgt eine etwa 200 m lange Steigung. In Höhe von km 5,5 kommt (Vorsicht) von rechts eine Querstraße.

Etwa 1 km weiter heben Wurzeln den Belag. Ihr rollt an einigen Forstwegen vorbei und findet hinter km 8,5 rechts einen Parkplatz mit Spielplatz und überdachten Bänken. Von km 9 an rollt Ihr - ab der Einfahrt nach Mörleiden/Walldorf - auf einem Radweg mit Verbundsteinpflaster.

300 m weiter liegt ein Restaurant mit Biergarten. Endstation nach der ersten Hälfte der Tour - und Startpunkt für Eure Rückfahrt.

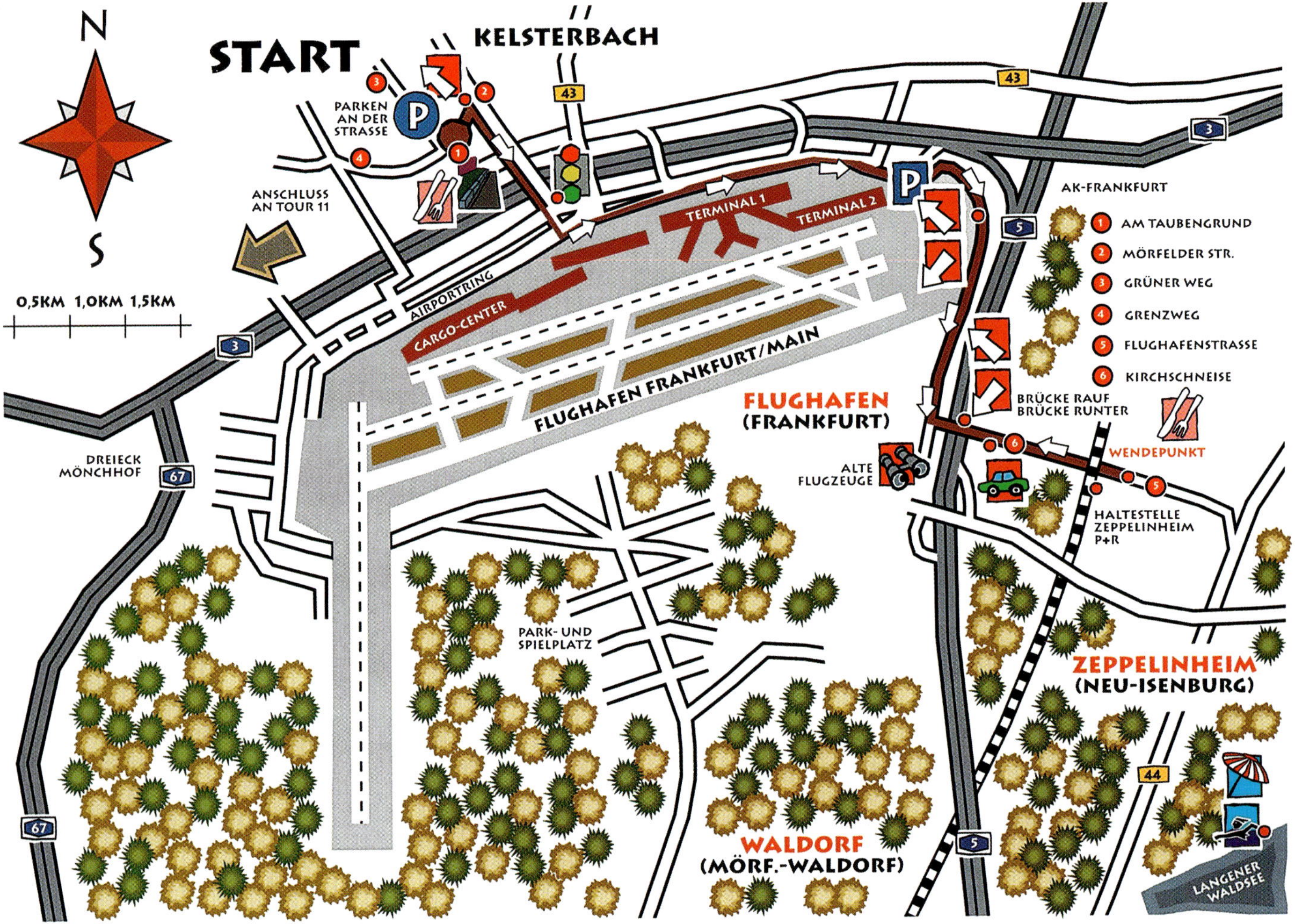
N
S
START
KELSTERBACH
PARKEN AN DER STRASSE
ANSCHLUSS AN TOUR 11
0,5KM 1,0KM 1,5KM
AIRPORTRING
CARGO-CENTER
TERMINAL 1
TERMINAL 2
FLUGHAFEN FRANKFURT/MAIN
FLUGHAFEN (FRANKFURT)
ALTE FLUGZEUGE
AK-FRANKFURT
1 AM TAUBENGRUND
2 MÖRFELDER STR.
3 GRÜNER WEG
4 GRENZWEG
5 FLUGHAFENSTRASSE
6 KIRCHSCHNEISE
BRÜCKE RAUF
BRÜCKE RUNTER
WENDEPUNKT
HALTESTELLE ZEPPELINHEIM P+R
DREIECK MÖNCHHOF
PARK- UND SPIELPLATZ
ZEPPELINHEIM (NEU-ISENBURG)
WALDORF (MÖRF.-WALDORF)
LANGENER WALDSEE
43
3
5
67
44

TOUR NR. 12

FRANKFURT-FLUGHAFEN NACH ZEPPELINHEIM

12 KM / EINGESCHRÄNKT EINSTEIGER-GEEIGNET

LAGE:
Am nördlichen und östlichen Rand des Flughafens

STARTPUNKT:
Ampel am Airportring

ANFAHRT:
Pkw: BAB 5 Richtung Flughafen. Den Schildern Richtung Kelsterbavch folgen. An der Ampel am Ortseingang nach links in Richtung „Kelsterbach Gewerbegebiet", nächste Ampel wieder links auf die Mörfelder Straße (Richtung Flughafen). Am Autohaus nach rechts in die Straße „Im Taubengrund" und seitlich parken.
ÖPNV: Mit Nahverkehrszug bis „Zeppelinheim" und die Tour von hinten (Wendepunkt, „Kirchschneise") aufrollen.

STRECKENCHARAKTER:
50 % Asphalt, 50 % Verbundsteinpflaster. Ein schmaler Schotterstreifen. Strecke mit seltenen, leichten Steigungen und Gefällen. Überwiegend auf Fuß- und Radwegen, kurzer Abschnitt auf wenig befahrenen Straßen. Hin- und Retour-Strecke.

SPECIALS:
Ausblick auf den Flugbetrieb, kleine Gastro am Wendepunkt.

TIPP:
Wer beim Anblick startender und landender Flugzeuge mehr Faszination als Fernweh spürt, dem sei diese Tour ans Herz gelegt. Der Lärmpegel ist allerdings nicht gerade niedrig. Außer einem Fable für die Flieger solltet Ihr ein bisschen Kondition mitbringen. Die Strecke lässt sich erstklassig fahren. Und wer mag, kann vom gleichen Startpunkt aus auch noch die Strecke westlich des Flughafens aufrollen (Tour Nr. 11).

BESCHREIBUNG:
Vom Parkplatz „Im Taubengrund" rollt Ihr zunächst über die Autobahnbrücke zum Airportring, dem Ihr an der Ampel (Startpunkt) nach links folgt. Über Verbundsteinpflaster geht es Richtung Osten. Von links kommen gleich auf den ersten 100 m zwei Straßen, einige weitere folgen bis Ihr ungefähr bei km 1 eine große Kreuzung erreicht: An der Ampel könnt Ihr sie geradeaus überqueren. Auf dem nächsten Kilometer wechselt der Belag. Es geht ein Stück auf Asphalt weiter. An der Kreuzung vorm Terminal 2 skatet Ihr Richtung Langener Waldsee/Bahnhof Zeppelinheim. Ihr habt jetzt Verbundsteinpflaster unter den Rollen.

Kurz hinter km 3 fahrt Ihr unter einem Parkdeck durch und kurze Zeit später habt Ihr rechts in der Regel freie Sicht auf ein paar Flugzeuge. Drei Ampeln bringen Euch über drei Straßen. Folgt den Schildern Waldsee/Zeppelinheim und freut Euch über die nun wieder asphaltierte Piste.

Hinter km 3,5 bringt Euch eine Steigung auf eine Brücke mit anschließender Abfahrt. Ihr rollt zwischen Flughafen und Autobahn durch. Rechts von Euch liegen die Rollbahnen. Und auf dem nächsten Kilometer könnt Ihr den Flugbetrieb nach Herzenslust beobachten. Vor der nächsten Brücke bei km 5,5 haben wir noch einen kleinen Abstecher zu bieten: Wer geradeaus und leicht bergab weiterfährt, gelangt nach etwa 100 m zu zwei alten Flugzeugen. Gucken lohnt.

Die Hauptstraße führt mit einer Steigung hoch zur Brücke über die Autobahn und bringt Euch dann wieder abwärts auf altes Niveau: Seid vorsichtig, denn Ihr erreicht nun eine Straße („Kirchschneise") und müsst mit Faharzeugen rechnen.

Nach etwa 300 m kommt von rechts eine Straße (möglicherweise Steine und Staub auf der Fahrbahn). Und dann skatet Ihr unter den Schienen durch: Der Bahnhof Zeppelinheim lässt grüßen. Am vorgesehenen Wendepunkt findet Ihr einen Kiosk mit Biergarten.

HEUSENSTAMM
RICHTUNG
AS-OBERTSHAUSEN
3
REMBRÜCKER STR.
KULTUR- UND
SPORTZENTRUM
MARTINSEE
LAUFTREFF
HEUSENSTAMMER STR.
1 HAINHÄUSER STR.
2 OFFENBACHEER LANDSTR.
3 HAUPTSTRASSE
REMBRÜCKEN
(HEUSENSTAMM)
P
START
DIE BIEBER
PATERSHAUSEN
N
S
200M 400M 600M

TOUR NR. 13

HEUSENSTAMM

12 KM / EINSTEIGER-GEEIGNET

LAGE:

Südöstlich von Frankfurt, zwischen Neu-Isenburg und Seligenstadt.

STARTPUNKT:

Parkplatz am Sportplatz und an der Turnhalle in Heusenstamm-Rembrücken.

ANFAHRT:

Pkw: BAB 3, Ausfahrt Obertshausen. Weiter Richtung Heusenstamm und noch vor dem Ort an einer Ampel links abbiegen Richtung Rodgau. Nächste Ampel wieder links (Rembrücker Straße). Der Straßenname wechselt zu Heusenstammer Str. Weiter geradeaus durch Heusenstamm-Rembrücken (Namenswechsel: Hainhäuser Straße) bis kurz vorm Ortsausgang. Dann rechts den Parkplatz am Fußballplatz ansteuern.

STRECKENCHARAKTER:

97 % Asphalt, 3 % Verbundsteinpflaster. Rundkurs mit An- und Abfahrt auf wenig befahrenen Straßen sowie Land- und Forstwirtschaftswegen.

SPECIALS:

Gastro beim Fußballplatz am Start/Ziel.

TIPP:

Die Tour führt Euch überwiegend durch Waldstücke. In der Nähe der Bebauung sind häufiger Fußgänger anzutreffen, bei km 7 sind vermehrt Jogger in Sicht (Lauftreff).

BESCHREIBUNG:

Orientiert Euch in Richtung Sportplatz und folgt vom Parkplatz aus der sehr gut asphaltierten Einbahnstraße nach links. Nach 100 m liegt links am Weg eine Gaststätte mit Biergarten - biegt dort nach rechts ab und skatet an der nächsten Kreuzung nach links auf den Bürgersteig der Hauptstraße. An der nächsten Kreuzung geht es geradeaus auf einer schmalen Straße weiter. An der Gabelung vor den Kleingärten links abbiegen, eine Schranke umfahren und auf dem Land- und Forstwirtschaftsweg in den Wald hinein. 1.000 m geradeaus, dann lasst Ihr einen unbefestigten Weg links liegen. 800 m weiter geradeaus, dann lasst Ihr an einer Gabelung (km 2,5) links einen unbefestigten Weg liegen und nehmt die linke asphaltierte Piste.
Ihr skatet über leichte Bodenwellen (an kleineren Abzweigen vorbei), zum Teil über sehr guten Asphalt, bis km 4 und trefft dort auf eine Querstraße. Fahrt hier nach rechts in Richtung auf ein Haus zu. Rechts liegen im Folgenden die Häuser von Patershausen (Picknick-Möglichkeit). Eine Brücke bringt Euch über die Bieber. An der Weggabelung rechts halten und auf dem Landwirtschaftsweg weiter Richtung Norden. Ignoriert alle Wege, die nach rechts oder links führen.
Hinter km 6 skatet Ihr durch eine Linkskurve, lasst noch einen asphaltierten Weg seitlich liegen und biegt vor dem Wohngebiet an der Kreuzung nach rechts ab. Noch einmal geht es über die Bieber.
Hinter der Brücke kommt Ihr an eine Kreuzung. Rollt nach rechts. Erneut alle Pisten rechts und links unbeachtet lassen. Kilometerweit Skaten pur.

Erst kurz vor km 10 trefft Ihr auf eine asphaltierte Querstraße (gleiche Kreuzung wie bei km 2,5). Links ab und auf die Zielgerade: Das letzte Wegstück ist identisch mit jenem, auf dem Ihr die Tour begonnen habt.

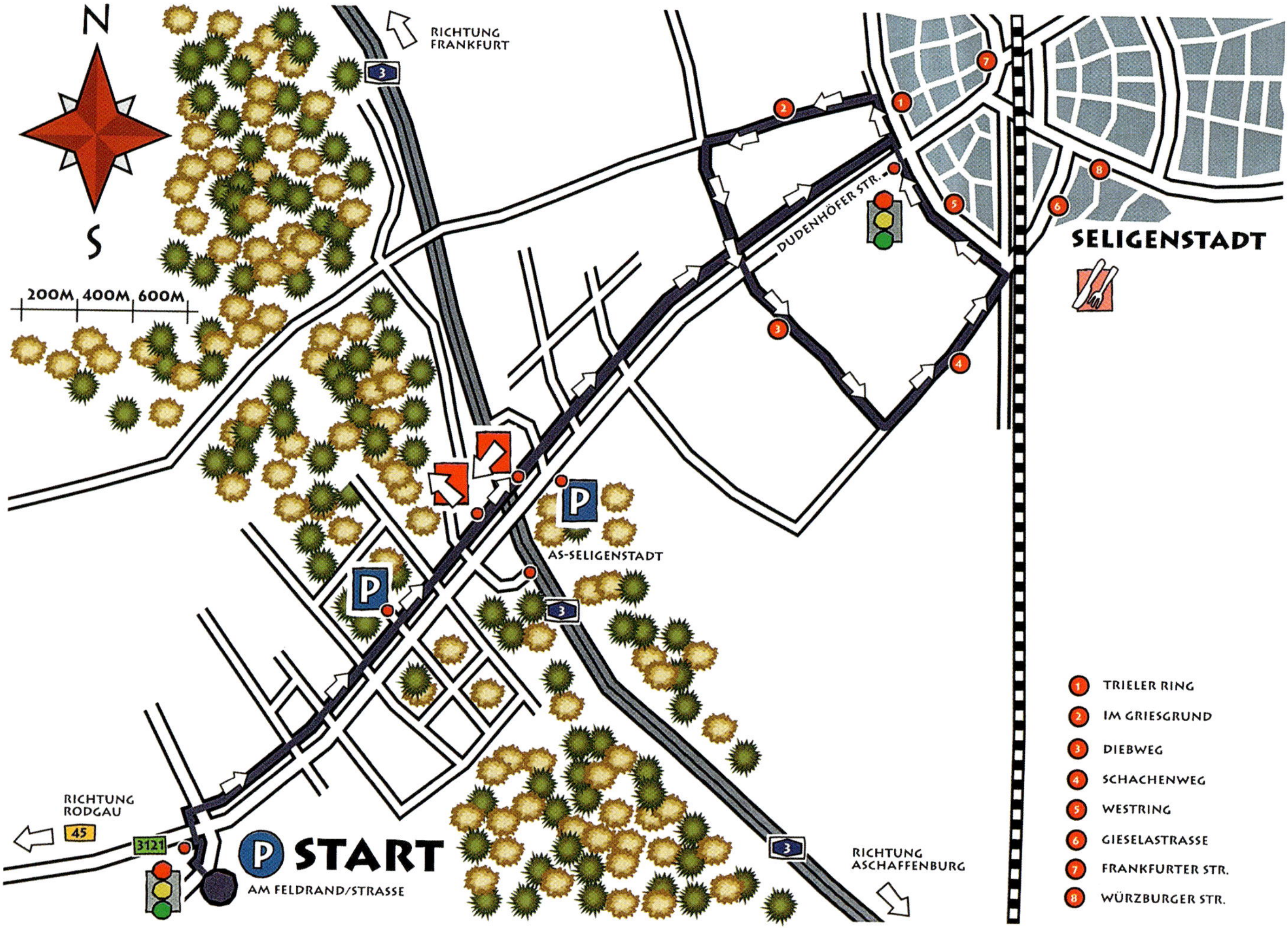
N
S
200M 400M 600M
RICHTUNG FRANKFURT
3
DUDENHÖFER STR.
SELIGENSTADT
AS-SELIGENSTADT
RICHTUNG RODGAU
45
3121
START
AM FELDRAND/STRASSE
RICHTUNG ASCHAFFENBURG
1 TRIELER RING
2 IM GRIESGRUND
3 DIEBWEG
4 SCHACHENWEG
5 WESTRING
6 GIESELASTRASSE
7 FRANKFURTER STR.
8 WÜRZBURGER STR.

TOUR NR. 14

BEI SELIGENSTADT

11,5 KM / EINSTEIGER-GEEIGNET

LAGE:
Südöstliche von Frankfurt

STARTPUNKT:
Ampel an der Dudenhöfer Str. (L 3121)

ANFAHRT:
Pkw: BAB 3, Ausfahrt Seligenstadt. Weiter Richtung Rodgau (etwa 2 km). An der ersten Ampel links und gleich darauf wieder links: Parken am Feldrand. Alternativen: Weitere Parkmöglichkeiten an der Dudenhöfer Straße (Feldrand) oder auf dem Waldparkplatz (Einstieg in die Tour bei km 1,7).

STRECKENCHARAKTER:
100 % Asphalt. Strecke mit seltenen, leichten Steigungen und Gefällen. Hin- und Retourstrecke mit Rundkurs statt eines Wendepunktes. Zu drei Vierteln auf Rad- und Fußwegen, ein Viertel auf Land- und Forstwirtschaftswegen.

SPECIALS:
Weder Gaststätte noch Kiosk am Weg. Also besser einen Getränke-Vorrat mitnehmen. Oder nach der Tour einen Abstecher nach Seligenstadt einplanen.

TIPP:
Stadtrandtour durch Felder, Wald und Wiesen - offensichtlich auch von Radlern und Spaziergängern geschätzt. Guter bis sehr guter Asphalt.

BESCHREIBUNG:
Von den Parkplätzen südlich der Landstraße heißt es zunächst, an der Ampel die Dudenhöfer Straße überqueren. Wendet Euch dann nach rechts. Die Tour führt Euch Richtung Seligenstadt. Der sehr gut asphaltierte Radweg ist durch einen Grünstreifen von der Landstraße getrennt. Nach 1,7 km liegt links im Wald ein Parkplatz (siehe Park-Alternativen).
Weiter Richtung Osten. Es geht eine leichte Steigung hinauf, Ihr überquert die Autobahn inclusive Zufahrt und rollt ein leichtes Gefälle hinunter.

Kurz vor km 3,5 zweigt nach links eine asphaltierte Straße ab; Ihr rollt geradeaus daran vorbei. Erst an der Ampel-Kreuzung hinter dem Ortseingang Seligenstadt biegt Ihr nach links ab („Trieler Ring“) und folgt dem Fuß- und Radweg auf der linken Straßenseite.

Nur 200 m, dann heißt es erneut abbiegen: Nach links auf den Landwirtschaftsweg „Im Griesgrund“. 800 m geradeaus, dann (km 5) nach links abbiegen und zur Dudenhöfer Straße zurück rollen. Überquert nun die Landstraße (Vorsicht bitte) und skatet geradeaus weiter. Der Landwirtschaftsweg bringt Euch kurz hinter km 6 zum Schachenweg, dem Ihr nach links folgt. Kurz vor km 7 trefft Ihr dann auf den „Westring“, dem Ihr ebenfalls nach links folgt. Hier gibt es einen sehr gut asphaltierten Fuß- und Radweg auf der linken Straßenseite. Und noch einmal trefft Ihr auf die Dudenhöfer Straße. An der Ampel auf die andere Straßenseite und dort dem Rad- und Fußweg, der Euch bekannt vorkommen sollte - nach links folgen.
Etwa 800 m weiter kreuzt Ihr Eure eigene Fahrspur - von nun an skatet Ihr stets an der Landstraße entlang auf bereits bekannter Piste zum Parkplatz zurück.

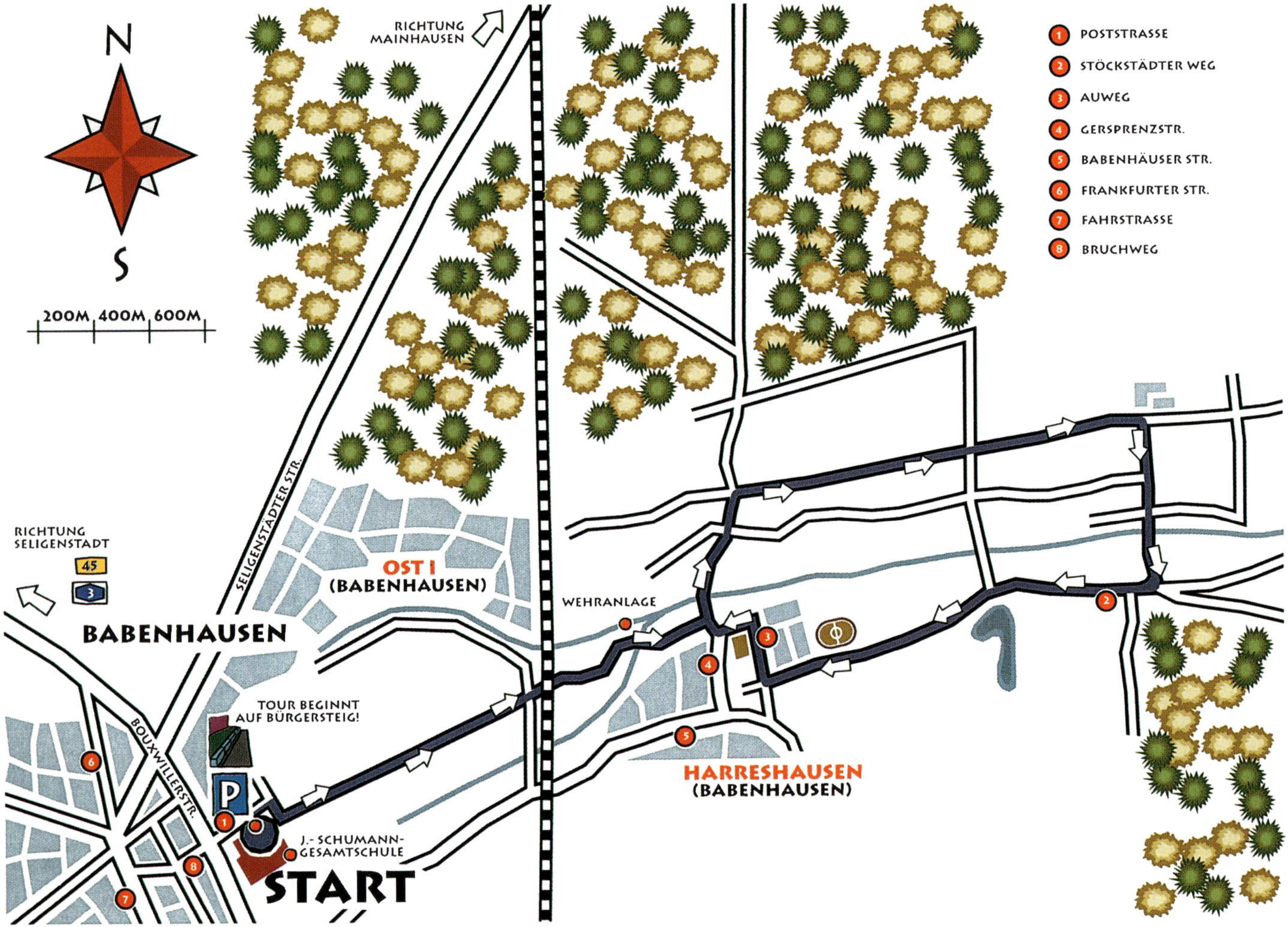
N
S
200M
400M
600M
RICHTUNG MAINHAUSEN
RICHTUNG SELIGENSTADT
45
3
SELIGENSTÄDTER STR.
OST I (BABENHAUSEN)
BABENHAUSEN
WEHRANLAGE
TOUR BEGINNT AUF BÜRGERSTEIG!
BOUXWILLERSTR.
P
J.-SCHUMANN-GESAMTSCHULE
START
HARRESHAUSEN (BABENHAUSEN)
1 POSTSTRASSE
2 STÖCKSTÄDTER WEG
3 AUWEG
4 GERSPRENZSTR.
5 BABENHÄUSER STR.
6 FRANKFURTER STR.
7 FAHRSTRASSE
8 BRUCHWEG

TOUR NR. 15

BEI BABENHAUSEN

8 KM / EINSTEIGER-GEEIGNET

LAGE:
Südöstlich von Frankfurt

STARTPUNKT:
Poststraße, Einfahrt zum Parkplatz der Gesamtschule

ANFAHRT:
Pkw: BAB 3, Ausfahrt Seligenstadt. Weiter Richtung Rodgau, dann links auf die B 45 Richtung Dieburg abbiegen. Abfahren Richtung Babenhausen und im Ort an der zweiten Ampel (vor einer Fußgängerbrücke) den Schildern zur Sporthalle/Gesamtschule nach links folgen (Poststraße). Parkplätze an der Schule.

STRECKENCHARAKTER:
100 % Asphalt. Durchgängig ebene Strecke. Rundkurs mit An- und Abfahrt. Tour auf wenig befahrenen Straßen sowie auf Forst- und Landwirtschaftswegen.

SPECIALS:
Leider Fehlanzeige

TIPP:
Bei gutem Wetter und am Wochenende vermehrt Radfahrer und Fußgänger mit von der Partie.

BESCHREIBUNG:
Ihr beginnt die Tour auf dem Bürgersteig der Poststraße und folgt an deren Ende einem Landwirtschaftsweg nach rechts. Eine Rechts-links-Kombination bringt Euch in Richtung Wiesen und Felder.

Hinter km 1 rollt Ihr durch eine Unterführung (Gleise oben drauf). 200 m weiter zieht Ihr eine Linkskurve und rollt dabei an einer Wehranlage vorbei. Es folgen eine Rechts-links-Kombination und eine Brückenüberquerung. Kurz vor km 2 trefft Ihr auf eine Querstraße. Skatet nach links und über die nächste Brücke.

Nehmt nicht den ersten, sondern den zweiten Weg, der nach rechts abbiegt. Von nun an ist der Asphalt ausgesprochen gut. Vorbei an einem Abzweig nach rechts, dann erreicht Ihr kurz vor km 4 in Höhe einiger Höfe die nächste Wegeinmündung: Rollt nach rechts - die nächste Brücke ist nicht weit. Wenn Ihr sie überquert habt, folgt Ihr der Straße durch eine Rechtskurve. Bleibt stets auf dem Hauptweg: Ihr skatet vorbei an einem Haus, an einem Teich zur Linken und an einem Fußballplatz zur Rechten.

Direkt hinter dem Ortseingang Harreshausen, noch vor den Häusern, erreicht Ihr eine Kreuzung, an der Ihr nach rechts in den Auweg abbiegt. Bei einigen Kleingärten zieht die Straße eine Linkskurve. An der folgenden T-Kreuzung rollt Ihr zunächst nach rechts und bei der ersten Gelegenheit gleich wieder nach links. Ihr seid nun erneut auf dem sehr gut asphaltierten Land- und Forstwirtschaftsweg, auf dem Ihr den ersten Teil der Tour absolviert habt. Noch knapp 2 km auf bekannter Piste, trennen Euch vom Schluss Eurer Reise auf Rollen.

Bayern / 30 Touren
ISBN: 388 474 572-7 /// DM 19,80

Baden-Württemberg / 30 Touren
ISBN: 388 474 574-3 /// DM 19,80

Hessen / 30 Touren
ISBN: 388 474 573-5 /// DM 19,80

Ausverkauft!

Schleswig-Holstein / 30 Touren
ISBN: 388 474 582-4 /// DM 19,80

Frankfurt / 15 Touren
ISBN: 388 474 617-0 /// DM 14,80

Berlin / 15 Touren
ISBN: 388 474 615-4 /// DM 14,80

Hamburg / 15 Touren
ISBN: 388 474 616-2 /// DM 14,80

München / 15 Touren
ISBN: 388 474 622-7 /// DM 14,80

Köln / 15 Touren
ISBN: 388 474 618-9 /// DM 14,80

Ruhrgebiet-West / 15 Touren
ISBN: 388 474 620-0 /// DM 14,80

Ruhrgebiet-Ost / 15 Touren
ISBN: 388 474 619-7 /// DM 14,80

Stuttgart / 15 Touren
ISBN: 388 474 621-9 /// DM 14,80

Bremen / 15 Touren
ISBN: 388 474 712-6 /// DM 14,80

Düsseldorf / 15 Touren
ISBN: 388 474 714-2 /// DM 14,80

Hannover / 15 Touren
ISBN: 388 474 713-4 /// DM 14,80

Kiel / 15 Touren
ISBN: 388 474 716-9 /// DM 14,80

Nürnberg / 15 Touren
ISBN: 388 474 715-0 /// DM 14,80

Paris / 15 Touren
ISBN: 388 474 717-7 /// DM 19,80

Mallorca/Ibiza / 20 Touren
ISBN: 388 474 719-3 /// DM 19,80

Sauerland / 15 Touren
ISBN: 388 474 841-6 /// DM 14,80

Bodensee / 15 Touren
ISBN: 388 474 847-5 /// DM 14,80

Schwarzwald / 15 Touren
ISBN: 388 474 846-7 /// DM 14,80

Leipzig / 15 Touren
ISBN: 388 474 837-8 /// DM 14,80

Saarland / 15 Touren
ISBN: 388 474 848-3 /// DM 14,80

Rhein-Neckar / 15 Touren
ISBN: 388 474 844-0 /// DM 14,80

Rhein-Main / 15 Touren
ISBN: 388 474 843-0 /// DM 14,80

Ostwestfalen / 15 Touren
ISBN: 388 474 840-8 /// DM 14,80

Niederrhein / 15 Touren
ISBN: 388 474 838-6 /// DM 14,80

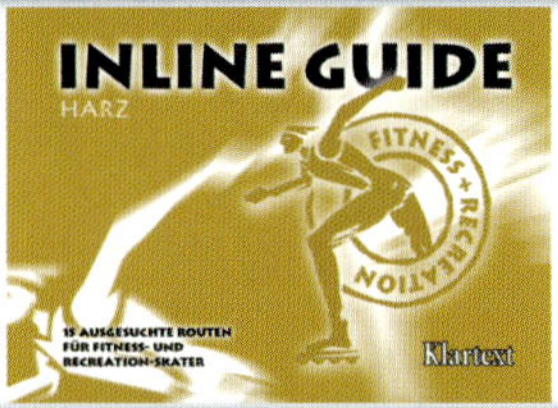

Harz / 15 Touren
ISBN: 388 474 845-9 /// DM 14,80

Münsterland / 15 Touren
ISBN: 388 474 839-4 /// DM 14,80

Bergisches Land / 15 Touren
ISBN: 388 474 842-4 /// DM 14,80

Niederlande / 20 Touren
ISBN: 388 474 850-5 /// DM 19,80

Österreich 1 / 20 Touren
ISBN: 388 474 851-3 /// DM 19,80

Österreich 2 / 20 Touren
ISBN: 388 474 852-1 /// DM 19,80

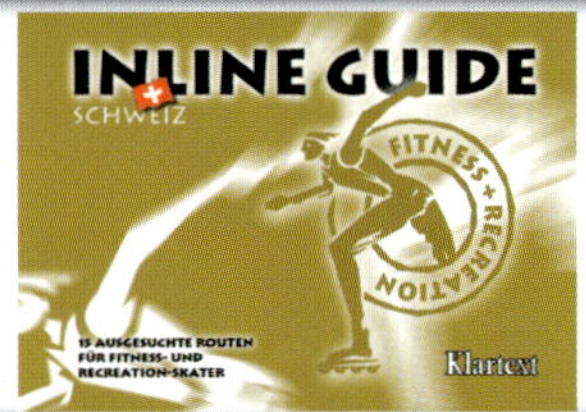

Schweiz / 40 Touren
ISBN: 388 474 906-4 /// DM 29,80

WWW.INLINEGUIDE.DE

reichtum
FREMDE
FREMDE